Planning

简约策划

赋能市场策划入门的 5 个逻辑

林轶 著

中华工商联合出版社

图书在版编目（CIP）数据

简约策划：赋能市场策划入门的五个逻辑 / 林轶著. —— 北京：中华工商联合出版社，2021.9
ISBN 978-7-5158-3139-8

Ⅰ.①简… Ⅱ.①林… Ⅲ.①营销策划 Ⅳ.①F713.50

中国版本图书馆CIP数据核字(2021)第198232号

简约策划：赋能市场策划入门的五个逻辑

作　　者：	林　轶
出 品 人：	李　梁
责任编辑：	关山美
封面设计：	北京任燕飞图文设计工作室
责任审读：	于建廷
责任印制：	迈致红
出版发行：	中华工商联合出版社有限责任公司
印　　制：	北京毅峰迅捷印刷有限公司
版　　次：	2022年1月第1版
印　　次：	2022年1月第1次印刷
开　　本：	710mm×1000mm 1/16
字　　数：	186千字
印　　张：	14
书　　号：	ISBN 978-7-5158-3139-8
定　　价：	58.00元

服务热线：010 - 58301130-0（前台）
销售热线：010 - 58301132（发行部）
　　　　　010 - 58302977（网络部）
　　　　　010 - 58302837（馆配部）
　　　　　010 - 58302813（团购部）
地址邮编：北京市西城区西环广场A座
　　　　　19—20层，100044
http://www.chgslcbs.cn
投稿热线：010 - 58302907（总编室）
投稿邮箱：1621239583@qq.com

工商联版图书
版权所有 侵权必究

凡本社图书出现印装质量问题，请与印务部联系
联系电话：010–58302915

前　言

"企业策划工作复杂吗？""是的，比较复杂。不，是很复杂！"

"策划案写起来很累吗？""对，写起来又费劲，又费事，经常吃力不讨好！"

"不是有一些可快速学习的理论模板、案例类书籍吗？""别说了，看了不少资料，不是太高大上了，就是遥不可及，啥也没记住。形成自己的一套方法才是关键！"

正因为没真正搞懂策划的内在逻辑和机制，不少策划初入门者，才有上述无奈作答。

先把策划是干什么弄明白了，才能更简约、高效、轻松做策划。

了解策划的内涵

方案、创意只是外在形式，策划是藏于脑海中，解决、应对问题的一种常态化能力，其总体工作步调，并不会令人肾上腺素狂飙，而是一个需要依据基础逻辑、冷静思考的过程。

突破策划的定势

长篇文风并非策划的定势，而学术论文化的密集论证，更非策略思考的标准，初入门者应先掌握简约化的策划思维，才能逐步满足市场效率的要求。

简约策划的基础

简约策划的基础逻辑有五点，就在稳健推进"真问题、想方向、寻资源或找条件、成创意、有保障"的这一过程中。内容不复杂，只需多勤用。基础一稳，天地自宽。

抓住策划的重点

策划入门的重点：于纷繁中找到真问题，设置出问题的解决方向，寻找可借助的资源、条件，利用其形成创意化的解决方法、方案，能更有保障地实施策划。

讲求策划的效率

"时间紧、动作快"，面对合作方的高要求，只要合理应用简约方法，几句话、几段字、几篇纸……也能形成方案，或搭建出策略共识，简约有效，助入门者创建思维习惯。

当代策划的变化

面向互联空间、智能时代，市场机遇更加丰富，但互联互通优势，反过来对项目实体策划的信息、过程，提出了更新的要求，初入门者提前进行学习，方能主动把握先机。

怎样帮助策划初入门者简约写出清晰易懂的方案？笔者经过十多年的持续尝试，方法虽笨，但成效还不错。

最初，笔者将视角集中在策划时间的有效管理利用上，认为通过时间管理和内容精简提炼，能达到一定效果，但尝试的最大收获，仅是提升了文笔水平，并未解决简约化易写易懂的问题。后又尝试过形式简报化，希望进一步缩减策划内容的总量，以更精到的逻辑来展示言简意赅的内容，但发现那是高手的领域，不适合策划初入门者。再后来，又继续探索策划方案的内容结构化（包括借助专业咨询工具及分析方法），希望通过对各部分内容的模块整合，按图索骥完成策划方案，但最后发现不同行业千差

前言 | Preface

万别，其事务、项目各有运行规律和思考逻辑，照搬主流行业来设置固定化的模块并不适用于每个行业！总之，"对策划初入门者要求过高，策划方案写起来累人"这一最初问题，皆未能解决。

正在陷入停顿之际，经行业专家、学者的提醒：各行业对策划的要求和深度，虽各不相同，但策划的核心目的，就是为了提出具体对策、解决实在问题，不妨回归其"问题解决线索"这一本源。经认真梳理，发现解决问题的主导线索不就是：找到根本问题（真问题），分析其原因特别是解决方向（想方向），思考并寻找应对资源（寻资源或找条件），借助资源进行创意（成创意）整合形成解决方案，并保障其实施（有保障）吗？简约策划方法，就是抓住了这一主导方向！

笔者也围绕着上述方向，将前述中各个思考理念，形成系统方法论后，逐步、持续地在三百多家企业进行交流和推广。10年弹指一挥间，自己梳理的简约策划方法论，竟不断获取认可和好评，为不少策划入门者打下了专业方法基础，助其构建起个性化策划能力，也让相关企业的策划质量有了较大提升，更关键的是，让原来"枯燥乏味"的策划，又鲜活起来。

世上哪来未卜先知的"实效"策划，每次的企业运营策划、商务策划，就是一次试错，成功就有"实效"，没成功就是试错，这种事后诸葛亮似的"实效"包装不能长久。市场应对的上策，是事前争取尽量多的成功支持要素！要保障诸多成功支持要素的落地，首先就要大力提升在当代企业的基础商务工作量中，占比相对较高的策划工作之效率，而简约策划正可助力策划初入门者的群体提升效率。

在万物互联的营商氛围中，更简约准确地传递企业运营信息，避免方案的信息拖沓，有助于时间紧张的企业管理者进行高效决策。因为不经思索的急求答案是冲动鲁莽，过于有耐性的好谋无决则脱离现实，不少管理者已在脑海中存有简约化的问题思考逻辑，其对策划的需求，主要集中于关键、简约的信息（决策依据）及应对策略。策划入门者立足于简约策划，把策划关键之处弄明白，正好将多维、散碎的信息，高效转化为管理者需要的关键信息（决策依据）。

在笔者推介应用简约策划的企业中，更有部分外贸企业表示，他们在对外商务活动中采用该方法，也被其合作的国际企业高度认可，对推动外贸合作的效率有较大的帮助。他们还指出，简约策划特别有利于才入门策划的新手，更快融入策划专业氛围，提升对外合作的工作效率。

多年前"受追捧、高大上"的策划已"不再吃香"，成为企业内部的基础工作，但从现实来看，策划仍是管理者决策的重要助手。

同时，当年那些新手入门级的学习资料、教材、书籍、培训课程等，也相对"稀缺"起来，策划初入门者要想在短期内学到牢固的基本功，变得不太容易：很多助力入门者的纸质书籍资料，因出版时间太早，已与当下环境有所脱节；一些迎合现实的在线培训内容，想学成入门，需购买其学习时段较长的教材，且收费昂贵；而院校理论化的营销类系统教学，在学习时间上又过于持久；能真正帮助新入门者迅速"先从入门级别开始，再逐步过渡至精通"的学习实材，更是少之又少。

与其坐而抱怨，不如花点时间，读读这本《策划简约》，争取在短期内，先把策划弄明白，简约轻松写方案。

本书特别适合于策划初入门者，或对策划感兴趣的企业管理者，也适合于各类中小企业管理者、市场研究人员、专业策划人员，以及经济管理类研究生。同时，也在此提醒各位读者，本书中的理论方法等，目的是供大家学习参考，提供一个更有实践依据的思维习惯，并不代表放之四海皆准、能包治百病的万能药方。望大家在实践中，共同努力，共同学习。"企业之道，学无止境"，让我们在企业市场策划的研究道路上，共同努力前进吧！

目 录

第一章 理解策划 ... 001
一、从历史来看策划的本质 ... 001
二、对于策划的主要误解 ... 003

第二章 痛点表现 ... 013
一、痛点一：量与质 ... 013
二、痛点二：术与道 ... 014
三、痛点三：效与好 ... 016

第三章 他山之石 ... 018
一、德国、日本的做法 ... 018
二、德、日企业策划工作常态 ... 020
三、可预见的策划"前途" ... 021

第四章 失败乃成功之母 ... 023
一、第一次失败总结：对时间管理的过度自信 ... 023
二、第二次失败总结："简报版"还有点"轻松" ... 029
三、第三次失败总结：结构模块化 ... 032

第五章 简约策划的五个逻辑 041

一、专家的答疑解惑很给力 041

二、简约策划逻辑一：真问题 051

三、简约策划逻辑二：想方向 057

四、简约策划逻辑三：寻资源、找条件 080

五、简约策划逻辑四：成创意 097

六、简约策划逻辑五：有保障 130

第六章 实践范例 145

一、A牌面包：专治小孩不吃菜 146

二、B寨银器：银轻情意却更重 158

三、C街旧改：留有余地自从容 162

四、D牌小面：抓住重点促就业 170

五、E糯谷酒：小酒厂中大道场 186

后记 203

一、一些忧虑：入门基础类太少，互联网说太多 203

二、一分感动：笔者童年所见的"简约策划" 205

三、一点遗憾：有的内容没有写出来 209

四、一心感激：300多家尝试新方法的企业朋友 210

参考文献 213

第一章　理解策划

遍观当今市场，不少企业、项目、产品、商务模式，往往在昨日才高调入市，今日却很快一败涂地，在总结分析原因时，都会发现其犯下的一个共同错误——在进行筹策准备时，采用了或低劣无措，或杂乱无章，或因循守旧，或看似高明但实则无当的策略。何以至此？策划水平太低下，轻视、忽略，甚至没把策划、策略当回事！

所以，策划初入门者，需正确认知策划的真正作用，并掌握一套行之有效的策划思维和方法。若不理解、不清楚手中法宝的作用，再高明的法宝也只是个摆设，所以经常会看到拿着"大力金刚杵"，却将"金刚杵"当作"擀面杖"的笑话。

在笔者二十多年的工作历程中，因有效、合理的应用策划方法、思维和手段，实实在在帮助不少企业解决了难题，同时也充分感受到用好"策划"后的效果和优势。

既很优秀，岂能浪费！先清晰理解策划到底是什么，才能更好地发挥这一法宝的作用。

一、从历史来看策划的本质

"策划"的通假词"筹划"最早出现在春秋、战国及秦汉的传记中，历史上高频率出现"策划"类词汇的阶段，主要集中在三国至唐宋，多为记录军事、政治等方面的谋略及谋划者（筹划、筹策士），从策划于历史中的记载情况来看，主要是军事、政治方面的出谋划策，体现在比拼高智慧竞争的领域，并非普通营生所用。所以，某些牵强附会的说法，如"策划虽历史久远，但于管理智慧无关"，实为大谬。

在各类历史传记中，常能见到历代统治者，在国家治理、发展军力的过程中，非常重视其官僚体系的"筹策"能力。如三国时代杰出的政治家曹操，在其军事参谋机构"霸府"中，经常对府中掾属人员，进行关于军掾策、文掾策等考核，以观察其策划水平；甚至在因九品中正制产生"世胄诈并，英俊下僚"的南北朝时期，一些门阀大族，还在其府院开设"策阁"，请专人教授其家族成员"军政文经"之策，以作长远谋划；在唐代的国家人才选拔机制"科举"考试中，还专设"时务策"，以考核人才对现实局势的对策及策论文辞，并将其评定为衡策、次策、均策等级别……

中国古代策划能力多用于军政大事

由此可见，"策划"在历史中常用状态的基本定义为"能力"，即三国时曹操经常出题，考察其下属的管理策划能力；南北朝门阀家族设"策阁"，请人教授政治军事策划能力；唐朝中央政府在科举考试中，专门开设"时务策"一科，以测试参考者的应对策划能力。

策划是一种能力，已有国内及国际主流学者进行史料比较研究，指出策划是一种基于理性能力的决策思维及思维程序，策划能力，正是策划入门时，必须形成的主要支撑力。（为阅读方便，本文将实践策划能力、从事策划工作之人，叫作策划人员、策划从业者等称谓。）

二、对于策划的主要误解

但能力这一概念，往往不易表述清楚，并且策划能力对于个人来说，往往表现出很丰富的个性特征，以及参差不齐的应用结果，更容易让人产生各种误解，以至于后果比较麻烦，唯有看懂误解、消除误解，才能更好地理解策划内涵，更充分地发挥其作用。

（一）策划就是个职务：策不关己，高高挂起

不少人都认为策划只是一个职务或岗位定义，特别是策划初入门者，往往也认为"自己应聘的岗位是策划"，所以，也容易把对策划的认知，固化为思想比较灵活、写作功底较好的创意工作者们所担任的职务、岗位。

如此一来，策划"就成为专门职务"，好像就显得与众人无关了，有些企业管理者戏称"凡是较复杂的、需要深入研究的工作，就交给策划人员吧"，即此，其他人皆成策划之外的看客，大有"不在此境中，随意好挥洒"的爽快，而他们的群体爽快，更是策划入门级员工的群体烦恼。

特别是当策划方案等具体工作内容形成时，看客们又"升级"为方案点评人。反正事不关己，随意点评就行，甚至是"说你行，你写的方案就行，不行也行；说你不行，凡你写的方案就是不行，行也不行"，大不了把策

划方案等策划成果评得一钱不值后，叫策划岗位重写就行了，反正是不关自己的事！

　　就是这种认知，导致一些单位全员在市场策应、经营对策上的水准不断下降，让企业的市场竞争力、市场敏感性、策划反应度等不断退化，以致最后影响了企业的生存发展。

"策"不关己：做策划的少，点评的人多

（二）策划主要看写作：组织文字，能写就行

　　策划是一个持续的状态（从问题的发现、提出，到形成解决方案和保障组织实施），其工作节点的成果是策划方案，容易造成错觉：好像策划就是能写会画、能编会撰的写写抄抄、文字组织。甚至一些人将写作当成策划工作的全部，认为能写必然就"能策"，并为此设置任职标准。但文字撰写，仅是方案的形成手段，并非策划能力的全部。

　　近年来，国内各行业高速发展，企业与市场主要连接方式为B2C（Business to Customers 商业面向消费者），主要围绕着消费提升、优化体验而服务，大家都是"C"端消费者，都能代表一定的消费观念，无论什么产品、服务，每个人都能当"专家"，提出一定看法，甚至充当"专业大牛"。在"想法纷呈、观念百出"的信息氛围中，大众对个人自我经验的吹嘘意识，冲淡了策划创新性、专业性发挥，反倒是"能写"，被直接当成策划能力。随着新常态下产业升级、技术赋能的深化，M2C（Manufacturers to Consumer 厂家面向消费者）、B2B（Business to Business 产业链内企业面向企业）等推动了供需市场管理的复杂化，基于专业能力的创新思维、策略方法，才逐步拥有主流发言权。这也是近年来，策划入门者感觉市场对专业的要求，变得更高的主要原因。

同时，将策划看成文字写作，与当下一些管理者的"买椟还珠"式审美情趣有所契合，他们往往更热衷于文字表述上的花哨、美化，这也为策划初入门者的工作，形成了新门槛——除了对策划的专业要求，还要求个人写作、方案美化的能力较强。同时，把策划当成文字工作，也将使企业受到负面影响，以长篇大论的文章作为"认真负责"的标准，拉低了策划应对市场的随机效率。

"写作强，就是策划强？"

能写会写不错，但笔杆子不是策划能力

（三）有用或没用：不屑一顾与乱拜"大师"

当下的社会经济发展正进入行业升级或变革的新阶段，在此期间，策划初入门者在选择进入行业及企业时，应选对、找准。

因为一些行业在此前，经历了较长的资金高周转发展期（经济增量发展期间，企业借助市场对产品主导版型的认同，围绕主导版型产品，抓抢时机投资，推出一些在局部有所创新的相近产品，以非常直接、硬性的销售手段赚快钱），因此，部分企业的经营重点，更偏向短平快的直接刚性销售，严重压缩了本该以问题观念、创新思维见长的策划发挥空间，把策划变成内容单调的浅层应对、流水线配角，长期"拧螺丝、搬砖头"。一些企业也认为策划可有可无，对坚持策划创新的企业，反倒冷嘲热讽，不屑一顾。

过度盲从与过度质疑，都不利于策划能力建设

而另一些企业,正经历行业的转型升级,面对层出不穷的新事物、新理念、新变化,感觉无所适从,对此,一些在前期实现"弯道超车"、略有所成的专业人士,以及某些趁机浑水摸鱼的非专业人员,则趁机介入,或借其前期探路经验来传经授道,搭建合作资源,或乘虚而入,借花里胡哨的概念包装(包装、炒作旧有经验和理论),以"权威"形象,谋取私利。而不少企业也满眼迷茫,认为自悟不如拜大师,求己不如请大神,反倒忽视了企业自身策划能力的持续建设。

但原有的高周转行业,现在周转不灵,利润率不断抄底,倒逼业内企业的经营回归技术、方法的创新之路;而升级转型的行业,新状况也层出不穷,先行探路者或浑水摸鱼者尚自顾不暇,何来放之四海皆准的"成功经验"?无论是管理者,还是策划初入门者,都需认真审慎地做出选择。否则,要么置若罔闻、固执成见,要么邯郸学步、步履蹒跚,对企业核心竞争力(包括策划能力)建设都将产生较大影响。

(四)策划是缜密论文:学术商业,不能分家

此前,笔者的同事都集中学习过"垒起来一人多高、术语图表复杂"的方案,依样画葫芦学习的结果,是多数人写的方案"又臭又长",但在当时,大家都不太懂策划,所以其学习方式姑且尚可。但在当下市场环境中,策划初入门者若再采取类似学习方法,那就不是写策划,而是写论文了。而方案"论文化"也是当下一个突出的策划认知问题,论文有时虽在形式上与策划方案较接近,但关键在于论文与策划方案在形成机制上是不同的。

策划形成机制在于"迅速分析问题,理清解决问题的方向,寻找其解决的资源条件,再形成创意性的对策,以及可保障开展实施",体现为可清晰展现和交流、便于促成目标一致的效率型商务文本。论文形成机制主要在于"就问题形成原因,解析问题的方法,应对问题的资源组织逻辑、结构,解决问题的战略或战术、方法、路径、时态等方面的深度研究,并形成理论提炼，以丰富社会研究理论体系"，并非效率化的商务文本。

论文的突出特点有三个：一是全面的逻辑性，从立论原因、缘起，到开题时的国内外同类研究、承题的论点表述及研究方法展示，再到详细研究和应对过程，及其依据的数据、信息，必须逻辑严密、论述严谨；二是内容的体系化展开，从论点、依据，到论证的分析叙事逻辑，应体系齐整、全面清晰（近万字到数万字）；三是讲求论据高度近真性，论据中信息、观点需客观严密，论据的方法需科学合理、推论一致，体现高度接近真实。

而策划要的是快，求的是及时，快速响应新问题、新变化，及时提出相应分析及对策，提前规划和准备应对的场景，形成即时应对筹备，极少理论求证、规律推导。之前笔者所熟悉的某大型集团，就因为管理层偏好"论文"策划，以至形成竞争策略的耗时极长，大量的市场机会就此丢掉。策划初入门者对此类"已跑偏"的做法，要有很清醒的认识。

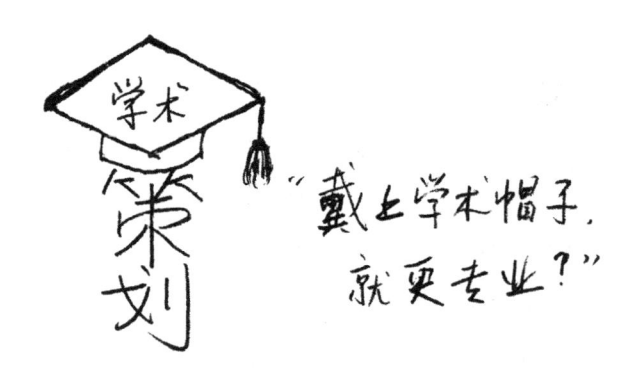

不要给策划戴上学术帽子

（五）策划必须有"实效"：宣传噱头，猜球大师

近年来，有个貌似很有道理的观点，叫作"策划乃实效行为，无实效，不策划"，该观点很容易把策划入门者"唬住"，但该观点实质为炒作、包装。

从实践来看，市场策略在实施之前或实施之初，就能预判、预料其可能达到的实际效果和效用，也并非不可能，但前提是相关企业要拥有高密度的海量市场信息收集力、精准即时的消费信息互动力，以及高效应对竞争的组织体系。只要通过大数据运营建设起前两者，就将极大提升策略成功率，有效降低各种不确定性风险，真正做到"事前诸葛亮"。

但纵观当下，仅有极少数拥有超大型互联数据平台的企业，才具备大数据的趋势发现能力，所以一般企业要做到可预测的"实效"策划，非常困难，概率微小。而借助信息不对称，将微小概率夸大为"大概率"经营常态，很有迷惑性，属于"猜球大师"迷信的变种。

"猜球大师"迷信是指某人到处吹嘘其为"猜球专家"，号称能提前分析并预知某些球队的比赛结果，其实质是利用信息不对称的各种条件、场景，向其划分的不同人群分别提供相反的信息，在经过持续的人群划分及不断的"信任淘汰"之后，最终实现对一小部分人的成功洗脑，获取对方高度信任，达到谋取利益之目的。

如"猜球大师"面对2000人的人群，借助一些能实现信息不对称的手段、场合，先将该人群划分为A、B两个群体（各1000人），分别对A群体预测明晚甲队要赢，对B群体预测明晚甲队要输。第二天比赛结果出来后，若甲队赢，则A群体中一些人会初步对其预测能力感兴趣，而B群体则对其嗤之以鼻（信任淘汰，反之亦然）。

之后，又把形成"初步兴趣"的A群体划分为C、D两个群体（各500人），对C、D群体故技重施，继续分别"预测"相反的信息（对C群体预测甲队下一场要赢；对D群体预测甲队下一场要输）。若甲队又赢了，C群体会对其信任又略有加强，而D群体则对其"信任淘汰"。

此后，"大师"又将C人群分为E、F两个群体（各250人），分别对E、F群体再次故技重施……经过反复数轮施计（至少6轮以上），最后顺其"预测结果"与实际比赛结果"持续巧合"这一逻辑而听信下去的少数人，多半会对其高度信任。

而一些人因成功产生的自负、自傲，往往成为这种信息不对称骗术的"放大器"，更易上当。殊不知某些自称"实效"案例遍天下的"策划大师"，其实效的背后，乃是大量失败案例，"只看到贼吃肉，没看到贼挨打"。而真正的优秀者，更擅长于不断提升平均成功率。

市场经营的本质就是"试错"，经营不可能无风险，无非概率的大小。大数据就在于极限化降低风险概率，而普通企业唯有加大市场信息研究、费效比管理和风险控制等关键领域的建设力度，最大化降低风险率（包括采用局部数据方法），这才是实效。而就个人来说，对于有些必须通过实践才能进行探索、知晓的事情，非要叫人家先进行一番准确率极高的预测，且在这些事情都还没做之前，就叫人家先准备一大套应对率极高的解决套路，这样也必然会打击个人的积极性。所以，策划初入门者，包括企业，切不可因包装的"实效"，将成功决策的渴望，寄托于高赔率骗术之上。

"猜球大师"的操作。

降低风险率、做足相应的筹划准备，方为策划之实效

（六）策划在于模版：照抄模版，只求速度

随着互联网上各类信息资源共享环境的优化，各种可公开的、未受版

权约定的各类策划方案、市场报告，都能搜索下载，并且很多可下载的方案，还是 WORD、PPT 等能修改的原文件。一些人为了图快省事，直接将这些方案原文件上的文字、图片类资料信息，直接进行复制、粘贴，拼凑成为新的策划方案。特别是较早之前，在多数企业管理者没有发现这种行为的情况下，以复制粘贴拼凑方案的做法，竟成为一些人的"高效率手段"。

所以，不少企业形成一个印象，策划就是"网上下载，抄袭模版，复制粘贴"，既然这么轻松，那没必要重视！特别是不少策划初入门者，更是受到这种行为影响，认为策划很简单，无非在网上多下载一些方案，只要"复制粘贴的质量"较高就行了，哪管什么创意创新、有效应对复杂问题。最终养成长期的思维懒惰，个人专业素养的基础被破坏了。

关键还有一个更具深度、更普遍的误解，即只要先一步一步地认真学习好标准教学类的市场营销理论（包括前一段时间很流行的查理·芒格关于分析经济及社会现象的思维模型组合），自然就能成为一等一的策划高手或优秀策划者，这一观点更是折腾和消耗了不少策划入门者的心力、心智和时间。首先是很多人观念中的标准化市场营销理论，主要就是以 4P 营销理论（产品、价格、渠道、促销）为主的内容，但 4P 理论只是营销理论中"大冰山的一小角"，并不代表能对市场营销、策划形成充分、全面认识的主导理论，况且光 4P 理论也是一个比较复杂、系统的理论，要进行深入的学习，其消耗的时间还会较长，同时，4P 理论的内容构建，还是倾向于传统的实体贸易类行业，一旦涉及跨行业、跨门类，领悟力稍弱的人就会觉得不太对味，如同嚼蜡，这对于亟须建立广谱通识认知、熟悉上手操作基础的策划初入门者，就很不适合。

而要全面、系统地学习主要且核心的营销策划知识，需要花费更长的时间，也不利于策划初入门者进行高效的学以致用（查理·芒格的分析思维模型还要更加系统、更加复杂），何况从理论到实践的转化能力，每个人的水平也不一样。所以，这还是应了那段老话：企业和人的时间精力是有限的，"磨刀不误砍柴工"这类概念，比较适宜于大中型项目或科技项目，因为这些项目需要专门花一定时间来进行综合筹措、系统筹备，但面对市场竞争中大量相对更为普通的工作任务，很难让你腾出时间、精力来"先磨刀"。

  在此也向读者强调一下，这里同样也倡导对标准化、系统化市场营销理论的学习，对其并不持反对态度，但那种需要花大量的时间和精力，来先做深入研读后，再参与实践的学习方式，真不太适合于策划初入门者。建议初入门者还是先打牢实践操作的相关基础后，再对其进行同步学习。因为很多从事策划工作的初入门者，并非市场营销专业出身，前边那种"先学会、再应用"的观点，对于他们来说，若用一个形象化的情景来做比喻，就是：明明肚子已经很饿了，碗筷和大餐已放在眼前，此时却被要求，先把吃正宗西餐那一整套礼仪化的刀叉餐具使用方法学会了之后，才准你吃饭。

第二章　痛点表现

策划被误解后所产生的各种问题，已成为不少管理者心中长期萦绕的麻烦，但又很茫然，难以从整体上、清晰地把握相关痛点，无从"对症下药"，类似于当年数码相机被对手打败，但不清楚其痛点起源竟是智能手机。在此，笔者对国内策划出现的整体型痛点进行了梳理，发现其还是源自方法、理念上的问题，即"被专业打败，但又与专业无关"。

一、痛点一：量与质

不少甲方企业或服务类的乙方企业，皆以追求策划工作量为主要目标，将量作为业绩突破口。除了靠方案中文字、图片内容的数量来体现"品质"外，还通过大量增加策划方案的总体数量，用"广撒网"的流水线生产，以图搭建更多合作关系。

但该方法主要适合于一些因法规限制，在市场经营、销售等方面，已形成固定流程、形式的少数行业，如地产行业涉及市场运营的商务文本，其多数内容已基本固定版块化，照本宣科，迅速形成相应文本内容的难度不大。

而国内其他行业的门类较齐全，尚未固化其文本模式的，要占绝大多数，若采用此法，以图提升经营合作率，实则适应性不足，很影响策划的综合质量。

同时，即使市场上存在一些能针对不同行业，可于短期内形成各类方案的"高手"团队，但毕竟凤毛麟角，其智力投入及产出的成本极高，并非多数企业能承担。

除此之外，那些靠"赶时间、拼进度"加大方案数量的，不少质量低下，甚至低劣（通过复制、粘贴的抄袭手段来大量复制）。当然，也有部分能快速形成的合格"方案"，但仅能作为与合作方进行迅速交流所用的"三分钟"说明文本，并无策略深度。

大量内容冗长，或追求文本数量的策划，并未给企业带来更高收益，反倒是加大了企业无效投入等资源浪费，放大了基层员工的脑力劳动疲惫度，成为策划工作中的突出痛点。对策划初入门者来说更是如此，这类低质的流水线作业，只是放大了他们的疲劳程度，在提升其专业能力上，效率极低。

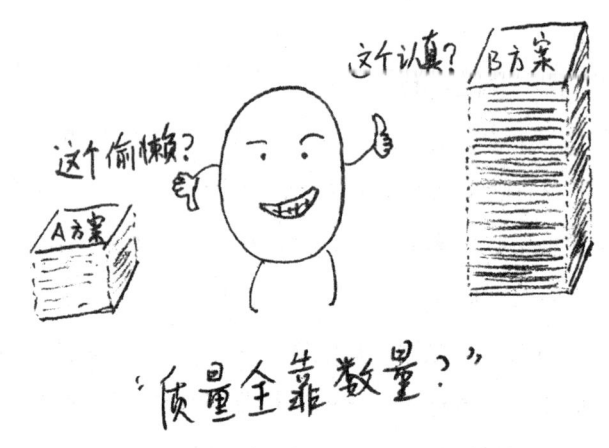

"以数量为客户突破口"，已成为市场普遍现象

二、痛点二：术与道

近年来，在策划方案中套用相关行业的决策逻辑、分析程序的做法很盛行，例如，地产行业的策划方案中，宏观环境分析、产品硬件定位等内容，居于决策研判的突出位置，于是，一些人在面向其他行业的方案中，也将宏观分析、硬件定位等套用为主要内容；又例如，快销品行业策划方案中，

品牌形象的差异化创意是其策略主体，于是，也将品牌差异化作为套路的重要手段用于其他行业，全然不顾各行业的具体情况。

除了对不同行业，在面对不同项目时，于策划逻辑都不明确的情况下（问题未说明、分析逻辑不清晰），不管三七二十一，先来上一大堆看似专业的分析工具，如"开篇必需SWOT、背景必用7S、分析必上BCG、策略必写ASF"等，一派云山雾罩、高不可及，但方案读了近半，仍未看懂中心思想，令阅读兴趣和交流效果全无。甚至明知交流方的管理通识类知识不足，仍在方案中大量采用非常规、难理解的理论方法、技术工具。

优秀的策划，需认真按照客观的逻辑主线，即"搞清楚最需要解决的根本问题，明晰各行业不同的分析推论逻辑，多角度地充分梳理资源，形成有保障实施的创新对策"，遵从逻辑主线之"道"。而在方案中习惯性的套路其他行业，或故意大量采用非常规的高难理论、方法，则是省事图便宜、滥竽充专业的"离道之术"。道之不存，焉有术也！策划初入门者应认清相关道与术之关系，选择正确的工作方法。

不学道，先求术，只有撞了南墙才回头

三、痛点三：效与好

"上有所好，下必效之"，在当下各行业的策划工作中，此类问题也层出不穷，策划者为迎合管理层、投资方，违背策划必须务实客观的原则，在策划中投其所好、溜须拍马。

策划若按具体工作状态，来作硬性分类，则可勉强分为一般对应型、问题分析型、专项解决型、系统解决型、预测筹备型等类型。目的虽不同，但各自皆可有拍马迎合之路径。

一般应对型策划，主要指应对常规、普通经营事务的筹措、推广等策划，其中有的可做可不做，且每年花钱不少，但为迎合，还得做，根本无视经营费效比的观念。

问题分析型策划，主要针对企业复杂问题进行解析、探索（无应对策略），但往往投管理层"讳疾忌医、拒谏饰非"之所好，仅分析问题表象，而掩盖深层次的原因。

专项解决型策划，主要对专门项目、产品的具体问题提出应对策略，其更易投管理层之所好，表现为只看上级对问题的定义，并围绕之"做文章"，哪管问题的客观真实情况。

系统解决型策划，主要指针对重大项目、事务等提出系统性策略，这类策划是迎合管理层急迫心理的重灾区，表现为编造虚假内容、借助外来"枪手"……忽悠搞定重大"问题"。

预测筹备型策划，主要针对未来趋势，提前进行应对筹备，但通观部分企业现状，大有管理层期望什么，就"预测"相应结论的"默契"，曲意逢迎在一些企业竟能成为主流。

上述迎合、拍马之做法，对于策划初入门者，特别其中的青年人有很大诱惑，令其忘却策划本质，将逢迎、附势误作专业之本，殊为误人。笔者亲眼见到过某大型项目的市场可行性策划中，负责人为了拍马、赚快钱，命令其下属策划人员，颠倒市场的客观数据、经营事实，以"胡来之笔"，将"不可行"变成"必须可行、一定能行"，最后误导企业失败的情况。

"策划靠拍马？"

还真有专供溜须拍马的"策划"术

以上痛点不易总结，很容易在思考中一带而过，无法形成清晰的特征聚焦。其根本源头，还在于对策划本质、策划方法的认知问题，而错误认知不断累积，以至众口铄金，认为策划就是流水线，其操作如卓别林《摩登时代》里的"生产机器"，或认为策划无非就是企业领导的观点复读机、想法记录器或廉价打字机，无非为企业跑跑腿，见到上级或甲方说啥都马上迎合的低级工种，全无分析、判断、推导（整理）、创新等智慧全过程。

第三章 他山之石

经过笔者查阅文献资料，并与相关国际学界人士、跨国咨询业者交流，了解到当代发达国家的企业界，特别是德、日等国的大中型跨国企业，相当重视企业策划能力的建设，并将策划能力全面纳入企业核心竞争力的发展范畴，同时，其企业界对策划能力的认知，以及对策划的有效应用，也体现出了一定的先进性，值得国内企业界和策划从业者借鉴。

一、德国、日本的做法

发达国家中策划能力建设及策划管理比较先进的国家是德国和日本。德国、日本企业对策划的认知较清晰，均将其定义为能力，并大力推进策划在企业内部的应用普及，相比美、英等国仅将策划能力归纳为传统咨询专业范畴、无法突出其普及性，德、日企业的做法对发展中国家更有参考意义。远在"一带一路"西端与中国"渝新欧铁路"起点重庆，所跨洲相望的德国杜赛尔多夫，当地企业管理学会组织就指出"策划是战略、战术思想的生成过程、行动指南，其本源是人类的智慧协调力量"，正应合了"策划是能力"这一认知。

为何德、日企业对策划的认知更深入？首先，还在于当地管理机构对企业微观管理通识教育的重视，长期在各行业推广微观管理理论及方法，已形成广泛的专业共识和行动，例如，德、日两国企业对策划的认识很接近，即策划力是管理中不可或缺的个人及团队能力。

其次，德、日等国作为实体产业主导型国家，实体产品在全球一线市场面临着异常激烈的竞争，迫使其将企业管理理论全面转化为实用型的方法、技术和工具。这也在创新性、实战性上，对策划提出了更高要求，促进了策划类专业能力在企业内部的深度普及，务求提升运营效率为先。

第三，德、日等国的管理部门也对此进行有力的行政支持。德国制定有专业机构支持计划，大力创办专业协会类机构，积极引入大学、科研组织的专家学者，加强企业专业指导。日本成立全国型机构"中小企业诊断协会"（日本95%为中小企业），在全日本专职培养"中小企业诊断士"，加强企业管理的研究、支持。

以能力培训、测评为例，日本学习德国协会类机构，设定对管理理论、技术、技能的测评考核制度，组织全日本"中小企业诊断士"培训及考试，涉及不同行业倾向性的理论及实战，以较复杂的现状对策题为主，年均通过率不足20%。考试通过后，再由各地企业支援中心分派到各家企业支援实习，经综合考核及格，方能获取"中小企业诊断士"资质（类似中高级职称），而其中的企划（策划）能力应用，就是考核重点之一。正是通过积极的行业共识搭建、专业应用普及，有力地促进了德日系企业核心竞争力（包括策划能力）的稳健发展。

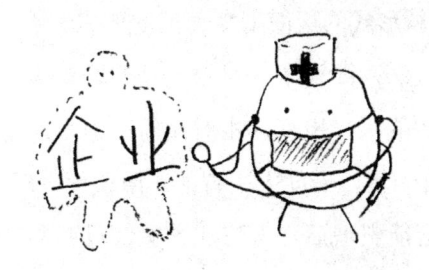

企业作为运行综合体，需常诊断运营问题

二、德、日企业策划工作常态

德、日等国的策划工作，广泛分布在行政管理、战略规划、产品研发、创意设计、投资运营、人力资源、市场营销、品牌推广等岗位范畴，与国内部分企业将策划片面地归入广告业相比，范围经济效应更显著，其企业的各专业岗位也更欢迎"拥有策划能力的人才"。

德、日等国企业强调"难度偏好—解题逻辑—创新性—形式化"的策划导向。

第一，必须形成策划方案的，需是拥有一定难度，或要合作才能解决的复杂问题，否则是浪费时间。

第二，方案中需体现解决问题的合理逻辑，天马行空也应有其依据。

第三，体现创新性。是缩短了工时、加快了工效？还是降低了成本、提升了质量？是优化了产品体验或产品功能？还是让差异化特色更受欢迎？形成了系统性突破？……

第四，适当应用可提升交流效率，将复杂推演，进行简精展示的形式化工具（分析模型、推论图表等）。

经以上导向的作用，近年来，在德、日等国企业，兴起了既能提升交流效率，又能展现逻辑、创新形式的极简型"一页纸管理方案、一张图策划"等策划方法。（此极简型方法，要求个人对企业全程管理极为精通，对概念的概括力极强，且市场实战水平极高，相对超前于国内现阶段的人力资源状况。）甚至有企业更进一步，借助人工智能，用软件实现"一问一答"的策略内容输入，经人工智能整理后，再形成方案，只要略具工作经验的普通人，也能轻松上手操作，顺利地完成内容相对齐备的策划方案。

德、日系企业的策划应用常态，也深刻地体现了策划需有效简约，也能够简约的趋势。

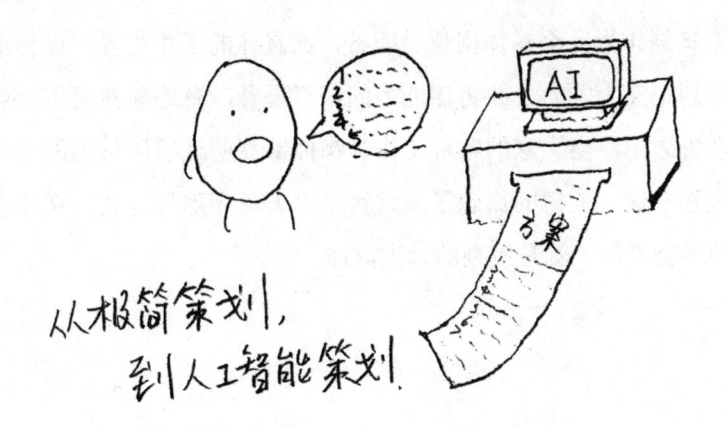

策划力的简约化，乃未来发展趋势

三、可预见的策划"前途"

到底什么是策划？10个人就可能产生100、1000个答案，答案过度丰富，就是信息冗余现象，将在概念堆砌中迷失方向，所以德、日等国的企业将策划定义为能力，更能清晰地理解和体现策划的作用。

德国相关协会机构在推进管理理论、技术培训时，将"创意思维、敏捷应变、利好发现、协调嫁接、公关表述力"等才能，整合为策划能力培训的基础内容，要求学习者在对管理通识的全面学习中，做到对策划能力的触类旁通，将其广泛应用于企业的各类运营活动。

日本在其诊断士系列培训、考核中，将"疑问辨析、创新养成、意志伸展、方略调配、组织计划、目标统规、协同领合"等具有当地文化特质的"企划力"养成要素，结合进整体、全程的管理知识教学内容里，使之应用于企业的各类诊断服务。

欧美其他国家虽未开设对策划的专门化培养，但也通过创新思维工具开发（金字塔方法、七项帽子思维、方格笔记等繁多的系列工具），推进策划创新力在各类岗位上的应用。

不把策划作为一个具体岗位、职务，或具体的工作内容、过程形式，而是将策划定义为能力，并将该能力的培育提升，有序地布局于企业管理的综合基础之中，当大家的各种工作，都能够高明地应用策划能力时，就没有"策划"这一专门的概念了。这种于"大象无形"之处，充分实现策划能力的融会贯通，就是策划的远大前途。

第四章　失败乃成功之母

为解决策划效率较低、被误解的问题，笔者以策划业"编外人员"的身份，用十年时间，立足于"策划成案时间管理、策划简报化、结构模块化，及引入咨询技术工具"等尝试性方法，在三百多家企业进行持续尝试，探索出"简约策划"思维方法，并有效验证了该方法广泛适用。对简约策划的探索分为前期和后期，在此将其中的心路历程、具体做法等集中呈现，便于大家能深入了解掌握，并建立完整的简约策划思维。

"不积跬步，无以至千里"，探索过程中的每一步，既有其当时的合理性，也有后来才认识到的问题和不足，而正是这样的具有矛盾性的驱动力，才能让笔者以"今日之是"，攻笔者的"昨日之非"，探索出更有效的方法。

一、第一次失败总结：对时间管理的过度自信

笔者在开始反思"又臭又长"的策划方案时，还借助朋友一家大型市场调查公司的力量，针对北京、广东、上海、浙江、福建、深圳等省市各行业中，甲方企业、策划公司、广告公司的策划人士，开展了近千人样本的跨省调研，以了解策划工作效率的问题。

问题也比较直接，只有三个：为何策划方案写起来较慢？怎样让别人更易看懂策划案？方案写作慢，自身有什么问题？（受访者多为60后、70后和80后）

问题的回复也快，一周左右就有了结果，且朋友公司还帮着整理了受

访者的回答，内容主要集中在这三点：

1. 方案写作慢的主要原因：自己节奏较慢，没有抓好主次工作重心的分配；

2. 抓紧完成，多留些时间与对方沟通，才是让方案更容易看懂的关键；

3. 自身的问题在于各类杂事太多，对策划本职的专注不够。

节奏较慢、抓主次分配、多留空余时间、专注不足——这不就是时间管理的问题吗？当时笔者就认定：只要解决了时间管理问题，至少能将策划"冗长"的问题解决一大半。于是下定决心，就按该方向，改进策划的"时间管理"方式。

但当时有位同事听闻后，就不太赞同这一结论，认为"没那么简单，只把时间管理搞好了，效率就能马上提高？"而笔者过于执拗，认定调研绝不会错，就我行我素地启动了尝试。

不撞南墙不回头，在实际尝试中，我才发现根本不是那么回事，只能在自嘲一番后，"责怪"参与调研的被访者回答太"直率"，以至让笔者认为那是策划群体的共同"问题"。

（一）策划的时间管理

很多人都缺乏时间管理观念，更不知时间计划性的重要。笔者在当年毕业才参加工作时，也是一团乱麻，把凡是领导安排的大小事情都记下来，只求先把自己部门的工作完成再说。但在实际当中，不是"随时有人来交流，就是领导的安排时时皆有变"，本已计划协调好的事务，总要慢上数拍，感觉很快就能搞定，但实际上要拖上一阵才能解决。

后来在参与策划时，更是这样：写方案时，既要思考不受干扰，又要与他人主动交流、查询资料，只要互动一多，就会晕头转向，效率奇低，"欲成王者高手，结果成为青铜"，所以笔者深信，要做好策划，必须加强时间管理。

在请教人力资源专家的基础上，笔者总结了以下几个有效的时间管理手段。

1. 强制规定策划写作的"关门"时间——培养个人专注力

从收集资料、介入思考，到方案完成的总时间，按方案大小、难易等级进行规划，强制每类方案具体完成的时间，形成有强烈心理暗示的"关门"时间，以此倒逼、培养个人的专注力，全身心投入到策划，不受外界打扰，克服拖延症、干扰症的毛病。

2. 调整设定策划的"思维爆发时间"——坚持推进的定力

每个人的思维、作息方式不同，应认真观察自己最擅长集中精力思考、写作的时间段，将此作为策划的"思维爆发时间"。例如，笔者的这一时间就主要集中在下午五点后，因为全天工作已基本完毕，后续时间更有弹性，思想轻松，且创意多。应充分利用这一黄金时间。

"思维爆发时间"，创意如火山喷涌

3. 利好时间管理的工具——清晰设定事务的轻重缓急

用好"时间管理矩阵"工具，通过该工具，可将事务的轻重缓急分为四类：重要、急迫；重要、不急迫；不重要、急迫；不重要、不急迫，可根据其重要程度，确定完成的先后顺序。例如要求本周必须提交一个报告，若因客观原因晚一两天，最多挨批评，对企业并无较大影响，那么提交该报告就属于"重要、不急迫"；又如企业VIP客户要求你今天必须与其见面，涉及明年重大合作的关键环节，那么与其准时见面交流，就成为"重要、急迫"事项。

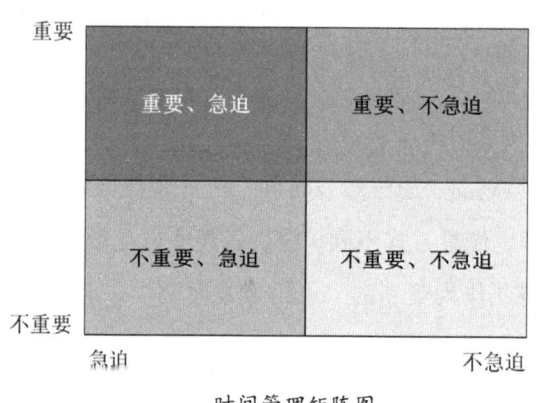

时间管理矩阵图

4. 规划好一天、一周的时态——不可轻视的"小计划"

周计划	周一	周二	周三	周四	周五
预完成	AA\BB	AA\BB	AA\BB	AA\BB	AA\BB
实际完成	3小时	甲事务	甲事务	甲事务	甲事务	甲事务
	3小时	乙事项	乙事项	乙事项	乙事项	乙事项
	3小时	丙事宜	丙事宜	丙事宜	丙事宜	丙事宜
本周总结					
下周计划					

每周工作计划示例

年工作计划、月计划往往被更加看重，但更有用的是每天及周工作计划这类"小计划"。把每天各项事务的完成时间,按三小时为标准来设置约束点,在此基础之上,规划一周工作计划,更能形成持续性的任务提示和驱动感。在周计划中,应清晰围绕每天的关键事务,抓住重点难点,整合时间和岗位资源,集中精力攻关,方能主动掌握进度。

5. 迅速批量处理非主要事务——拥有高效交流意识

很多时候正集中精力工作时,突然有电话来了,或者有人来找,或想泡杯茶喝⋯⋯,5分钟、10分钟⋯⋯飘然而过,原有计划被打乱,只有延后抓紧。这样的时间耽搁看似无所谓,但实质"细流汇大海",搞得事事皆延后。需按"关系级、同事级、兴趣级、无聊级"这几个档次,批量处理此类事务:关系级指必须稳妥回应或解决,以维护合作或利益关系,应集中精力高效交流回应,并纳入时间管理计划;同事级指同事间常规工作或工间联系,应清晰了解同事的需求,以15分钟内回应为准,或答应或拒绝,答应则按轻重缓急标准处理;兴趣级指非岗位范畴内的兴趣事务,不纳入在岗时间;无聊级指抽烟、喝茶等无关杂项,可根据疲劳程度或具体情况而定,建议全天总耗时不超1小时。

6. 学会与他人、组织合作——创建协作默契和信任关系

虽尽了全力,但对某些任务实在难以为继时,则应借助他人和组织的协作。与他人合作,需以其专业能力及职业道德为考量标准,应通过平时的友谊表示和具体行动,达成良性的持续合作关系。应注重利用绩效考核因素(特别是大中型企业),将合作形成的绩效收益对同事进行相应让渡,回报同事之前的大力支持,建立更稳定的信任。借助组织力量,则是在客观条件不足的情况下,积极向企业提出支援需求和申请,以支持仅靠个人难以完成的任务。

就笔者来说,时间管理能有效提升策划效率,加强了个人自律,还从中发现了创新精力最佳的黄金时段,并与同事形成了良好合作关系,且能

将更多时间留与对方进行沟通。

　　但是，当笔者欣喜的将上述方法，向他人的介绍、推介一段时间后，其效果却正如之前同事所说"撞了南墙"。加强策划工作时间管理的做法，仅适用于笔者及部分少数人，而多数策划从业者的效率问题，并未得到解决，看来多想想、再行动是对的。

（二）时间管理失败在哪里

　　因以上时间管理方法，除了策划熟手、高手，或较多参与策划、对策划相对了解者（如笔者），多数初入门级别的人士，皆不太适用该方法。

　　不少接受了时间管理建议，尝试该方法的年轻策划者纷纷反映：这个方法是不错，也更有计划性，但对于不少策划任务，还是很头痛，例如，面对策划需求方含混不清的"问题"、看着亟待深入分析的市场信息、读着千头万绪的调研反馈、盯着竞争者花样迭出的"招数"、想着企业内部复杂的资源……不要说初入门者，就是老手、高手，也要闷头思索一番。此时，突然来一个感觉能够"催人奋进"的时间管理，问题就能解决吗？不能！

　　不少策划初入门者面对不同的策划任务，对于要解决什么问题，如何进入任务状态，以哪种思维进行创意等，基本无从下手（或需思考良久），更何况策略创意、实施路径等核心内容。此时，应由策划熟手、高手亲自负责方案主体的构思，并操刀其中的创意、策略等核心内容，通过"传、帮、带"，指导初入门者逐步参与、融入工作。若直接要求他们强化时间管理，等同无的放矢。

　　再者，策划的创意、创新，多数时候不能靠硬性的时间规划来倒逼，倒逼的结果，往往差强人意，一看就是赶时间赶出来的。同时，时间管理对定力和能动性不足之人，特别是对轻重缓急缺乏眼力见的青年人，起不到多大促进作用；而对于"思维爆发时间"，一般策划入门者都没有较强的自我状态敏感性，即使留心洞察，也不易找准相应的时间段。

一些策划初入门者，在耐心、定力、专注力等方面，都需要培养，在批量处理杂务，以及与他人交流时，很容易忘却时间约束。不少人在处理与同事、与企业的关系上，也缺乏建立协作关系的意愿，方式也不太灵活。

"策划时间管理"的尝试，还是踏到了从业经验、职场素养、情商、人际环境等非策划能力所主导的红线，没有从能力建设的本身出发，肯定会撞南墙。

二、第二次失败总结："简报版"还有点"轻松"

继策划时间管理之后，当笔者正思考更新的效率提升方法时，正好听说合作单位被其客户投诉的事：合作单位是家广告公司，被其一个客户投诉了，原因是该公司提交的策划方案，被批评"内容太多了、看着很烦人"，希望再提交一个简明扼要的方案。哪知该公司第二次提交的方案，仍旧冗长繁复，于是客户直接要求中止合作，而该公司的策划人员则认为"很冤枉，认真努力写出的方案，竟被无理投诉？"

对此，笔者颇有"恍然大悟"感：为何策划效率低、方案写作费时费事，多数初入门者写起来一筹莫展，且大家都不愿看？主要原因，还是在于方案的谋篇布局、叙事结构，若能几段话、几篇纸就说清楚，何需长篇大论、拖泥带水。

那段时期，又因从事区域经济研究的关系，笔者常参加一些地方的经济交流会议，发现一些管理部门的咨政建议类简报文件，在谋篇布局的安排、行文叙事的逻辑等方面，很有构思、写作的"轻松"感，于是，又希望借助咨政建议类简报，找到突破口。

（一）简报版策划感觉"很轻松"

咨政建议简报在形式上以简驭繁、内容上清晰明了，几下就能把事情说清楚讲明白，完全符合笔者的要求，让人感觉"很轻松"。笔者综合其中的"问题对策型"和"战略研究型"，形成了"简报版策划"，即"企业需求—消费背景说明—市场环境分析—企业所拥条件—竞争策略提出"这一组合标准，继续在各企业进行推介。

```
简报版策划书

简报主题：AAAAAA
基本说明：写作此次策划书的原因、目的，及希望的成效

一、企业需求
（企业下达的任务，想通过该策划完成什么任务、要求）
（一）AAAAAAAAAAAA
（二）AAAAAAAAAAAA
（三）AAAAAAAAAAAA……

二、消费背景说明
（盈利的消费基础：主力消费群主要概况、特征）
（一）AAAAAAAAAAAA
（二）AAAAAAAAAAAA
（三）AAAAAAAAAAAA……

三、市场环境分析
（面对的市场环境，如主力市场、经营条件、竞争状态等）
（一）AAAAAAAAAAAA
（二）AAAAAAAAAAAA
（三）AAAAAAAAAAAA……

四、企业所拥条件
（企业内部拥有的主要支持类条件及不足之外）
（一）AAAAAAAAAAAA
（二）AAAAAAAAAAAA
（三）AAAAAAAAAAAA……

五、竞争策略提出
（前述基础上形成的策略、对策内容）
（一）AAAAAAAAAAAA
（二）AAAAAAAAAAAA
（三）AAAAAAAAAAAA……
```

简报版策划书示例

其内容组合的逻辑是：第一有企业下达的任务，即"企业需求"，企

业想通过该策划任务，满足或达到什么要求；第二，展示实现企业盈利的消费基础，即"消费背景说明"，企业面对的主力消费群所在区域、年龄、收入、购买倾向等特征；第三，企业必须面对的市场竞争，即"市场环境分析"，面对的主力市场之经营条件、竞争状态、市场环境等情况说明；第四，即"企业所拥条件"，为完成策划任务，在企业内部拥有的，能从正面支持策划效果的各种资源条件及其优势，或需要规避的负面影响；第五，是在前述说明和分析的基础上，形成的策略、对策，即"竞争策略提出"，说明方案中的具体策略内容。

（二）只图大略，无法详展重点细节

与策划时间管理一样，在开始推介时，也有不少企业的策划人员，认为这个简报版策划用起来会比较轻松，都想尝试一把，但在应用数月之后，才发现真是"知易行难"：简报版策划过于追求内容、数量的"大略"，却无法在内容中触及策划的重点细节。

1. 简报版策划的最初目的，无非是想控制字数、突出中心内容，但这一目的过于主观。咨政简报的内容虽简要，但其提交者和阅读者多为社会精英，接受过长期的政务公文、要点检索等训练，且对信息的认知高度一致，将内容摘要化简报，是提高行政效率的最佳办法。而在企业，从管理层到执行层，于专业素养、知识水平、信息握控等参差不齐，很难形成思想上的交流契合和表达共鸣，以简报版策划作为商务交流文本，其沟通效果必然大打折扣。

2. 当时，企业界流行的一个很功利的观念：策划方案"不能太简短，只有内容多，才能体现专业"。倡导方案精简化，与这一功利观念冲突较大。一些人认为该方法让方案内容过少，易形成"才疏学浅，不求甚解"的印象，缺乏积极、认真的感觉。反倒是部分员工很欢迎该方法，因为内容的减少，为这些想搭"简报"便车的人，提供了偷懒的借口。

3. 咨政建议简报对写作者的要求很高，对内容要高度精练，一般策划人员难以企及。并且，一些人员因专业素养不足，既不清楚如何精练，也不擅长归纳总结，所以大略化的文字表述，对其无疑是"提前失败的任务"，往往导致方案在内容上词不达意、逻辑含混，本应言简意赅的文风和内容，也变得枯燥干瘪、空洞乏味，无法对核心细节进行详细展现。

一般策划人员毕竟不是高手、精英

三、第三次失败总结：结构模块化

不少人在应用"简报版策划"方法后，反馈指出：简报策划对内容数量有限制，文笔不易展开，表面看似不复杂，但除非高手，否则很难将内容进行齐全清楚的表述。这个反馈很到位，若将效率提升，寄托于每个人对内容写作的高水平上，不太靠谱。关键是，既要保证数量可控，又要把策略说清楚，同时还能提高方案写作的效率。

对此，又花了一段时间进行思考，经过对不同事务在推进逻辑和概念上的类比，发现中国传统玩具"七巧板"极有启迪作用：七巧板借几块数量稳定的简单板块，以巧奇的组合变化，创意出丰富的形象，与"既要控制数量，又要内容齐全"异曲同工，这种结构模块的组合方式完全是可以借鉴的。

（一）策划"快枪手"之经验"套路"

简报版策划的"企业需求—消费背景说明—市场环境分析—企业所拥条件—竞争策略提出"，其结构、逻辑较清晰，但需行文精、内容精，不少人很难做到，所以应进一步提升其内容上的系统化、完整化。

略有此思路后，笔者先在当时的QQ企业朋友群中，广发了一通"寻找策划快枪手，交流提升策划效率"的信息，结果QQ上加了六十多位专业高手，涉及机械、化工、服装、技术、食品、家电、文化、药品、饮料、物流、矿产、房地产、游乐、医疗康养、旅游、农贸等多行业，经一个多月的积极交流，高手们将其加快策划效率之经验，倾囊相授。待梳理之后，笔者发现他们之所以效率很高，主要是形成了自身的策划模式。

首先，"快枪手"对每次策划内容、方案写作的质量，不求满足100分的硬性要求，只要求达到心目中的70~80分即可。为何不求高分？因为策划不是段子手，文通字顺、讲清楚策略即可。同时，竞争激烈，过度精细反倒影响进度，必须坚持效率第一，且策划所考验的是久久为功的定力，不应作一时激进的求全责备。

其次，坚持关注各自所在行业的重点，牢牢把握住重点内容的策划质量。以饮料行业来说，竞品门店及网销跟踪数据，就是饮料市场策划的重点；房地产的户型产品及客源嫁接，就是其市场策划重点；食品业的品牌口碑及品味挖掘，就是其策划重点。抓住重点内容的持续创新，不论主题、项目怎么变，策划速度都能跟上，还能保持质量。

最后，针对不同类型的策划，坚持对其规律、特点进行归纳总结，形成自己的"套路"，面对品牌推广、产品创新、市场拓展、客群关联、促销活动等不同策划，能马上按照总结的套路写作。例如，方案整体分哪几个部分，标题怎么提炼、第一部分写什么、第二部分说什么、第三部分呈现什么、第四部分……形成稳定的操作版块、步骤，如此效率一定较高。

（二）首次进行结构模块总结

听到"快枪手"们的总结，特别是其"套路"理论，感觉与七巧板的形式很接近，于是请这些朋友，每人拿出几个自认为效率较高、套路清晰、质量不错的可公开方案来，方便从中梳理、提炼出相应的结构模块，进行组合。

朋友纷纷响应，在一周之内，就网传来几百个不同类型的方案，经过三个多月的认真阅读、梳理，从这些方案中总结出了诸多的"小异大同"之处，提炼出共有元素，组合形成了新的策划结构模块：方案由各个基本部分组成，每部分的目的、作用不同，力求各部分在策略说明、演绎叙述上，各就其位，并清晰展现策略在逻辑上的完整性，保证整体内容不出现重大缺项。

1. 第一部分，结构模块的第一部分设置为"缘起、说明"，即撰写该方案的起因、缘由，直截了当地说明为何要进行策划。其设置逻辑为说明策划任务的前因后果。

2. 第二部分，设置为"宏观或中观背景"，即策划任务所面临的政经、文化、产业等宏观形势（大中型项目必需），或所在区域中观级别的经济、文化等形势背景（如城市、行业等现状），展示策划面对的区域、行业性发展态势。其设置逻辑为分析具有整体发展影响性的经济、社会大势，以便把握策划的创新、着力方向。

3. 第三部分，设置为"微观背景"，即进行策划时，所直接面对的主要市场、竞争对手、消费群体、主导技术等情况，旨在展现具体经营中的局部背景、条件和前提。其设置逻辑为分析、了解当地微观市场的变化和形势，更有效融入区域市场。

4. 第四部分，设置为"策划目标"，即清晰指出策划需达到的主要目标、目的是什么。其设置逻辑是在了解策划缘由、认清宏观形势和微观背景后，再次进行提示，思索策划任务的具体目标，并按其方向推进。

5．第五部分，设置为"企业条件"，即策划依托的各种企业内外部的直接或间接优势、劣势条件资源，及其说明。其设置逻辑是对策划可依托的内、外部不同条件，进行认真梳理思考，从中找出助力因素，避免抗性和阻力。

6．第六部分，设置为"策略、对策的核心创意"，即具体策略的主要创意及内容，展示其思路和创新性。其逻辑为展示策略的重要核心，体现解决问题的差异化创新。

7．第七部分，设置为"实施策略、对策"，即如何启动和实施策略的方法、方式、计划等，指导策略顺利开展，并形成调整机制。其设置逻辑是为策略开展提供指导和步骤。

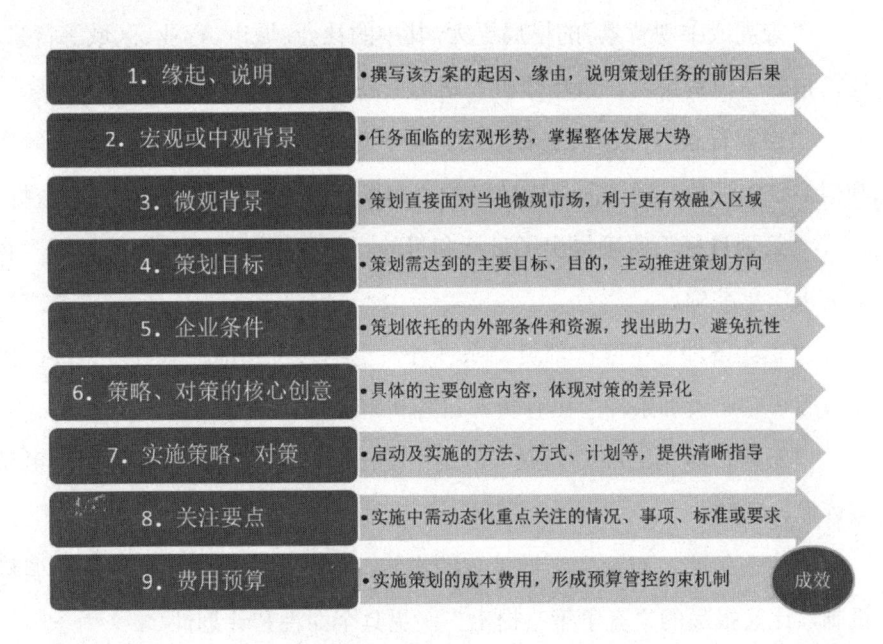

1．缘起、说明	撰写该方案的起因、缘由，说明策划任务的前因后果
2．宏观或中观背景	任务面临的宏观形势，掌握整体发展大势
3．微观背景	策划直接面对当地微观市场，利于更有效融入区域
4．策划目标	策划需达到的主要目标、目的，主动推进策划方向
5．企业条件	策划依托的内外部条件和资源，找出助力，避免抗性
6．策略、对策的核心创意	具体的主要创意内容，体现对策的差异化
7．实施策略、对策	启动及实施的方法、方式、计划等，提供清晰指导
8．关注要点	实施中需动态化重点关注的情况、事项、标准或要求
9．费用预算	实施策划的成本费用，形成预算管控约束机制

→ 成效

策划结构模块图示例

8. 第八部分，设置为"关注要点"，即策划实施中需关注的重点情况、事项、标准或要求。其设置逻辑为提示策略、对策的实施过程中，需坚持动态化关注的重点内容。

9. 第九部分，设置为"费用预算"，即实施该策划需要花费的成本。其设置逻辑为形成费用预算规划下的管控约束机制，避免开展的成本和范围失控。

（三）高手们对结构模块的反馈

新方法形成后，先向"快枪手"朋友进行了推介，经过应用，他们认为该方法相比之前简报版策划，在逻辑和内容上有了较大提升。

"缘起"与简报策划"企业需求"相比，"缘起"在于说明策划的起因、缘由，不但融入了企业的需求，还能展现更多关于策划任务的深度原因，引导性较强。

"宏观或中观背景"的格局更大，其中的社会、城市、行业、区域等背景，比简报版"消费说明、市场分析"站得更高，更有远见和张力。

"微观背景"，包括主要市场、竞争对手、主力客群、主导技术等微观但多维的视角，远比简报版单纯的"市场环境分析"更充分、更有依据。

"策划目标"明确提出了目标和目的，任务指向清晰，比简报版"企业需求"更准确。

"企业条件"中除内部资源条件外，更纳入了外部、非直接条件，比简报版"企业所拥条件"更有资源包容和整合力。

"策略、对策的核心创意"，集中提出核心创意及其内容说明，更易被读懂、理解。

"实施策略、对策"指导策划的实施、落地，并形成计划进程和调整机制，比简报版的"竞争策略提出"，更具全面性和计划性。

"关注要点"和"费用预算"，则为方案形成了质量和成本上的可控标准。

各位高手均认为该方法能在一定程度上提升策划效率，不失为一种良好的方法，并对其中细节提出了相应建议。笔者进行适度调整后，又向其他企业进行了广泛推介，并认为此次一定能获更多认可。

（四）引入策划咨询工具

但向更多企业推荐之后，不少处于策划入门级，以及中级水平的朋友，则表达了完全不同的看法。另据笔者了解，在试用该方法的众多企业中，策划初入门级和中级的比例，共占到了八成以上（其中初入门者又占七成左右），对他们的不同意见必须重视。（当时也通过对东部各一线城市的相关营销学会、策划协会等机构的调研访谈，了解到类似地区企业内部策划人员在专业水平结构上，与前述比例较为接近。）

笔者收集、综合了各地九十多名中级水平者的反馈意见：结构模块的整体方向很清晰，但要采用什么策划技术工具，才能对各部分的内容形成支持呢？给了鱼肉、餐盘，要用什么来烹饪这道鱼？用烧烤架烤？还是铁锅烩？还是涮鱼火锅？

经过反复考量，笔者又为结构模块的各个部分，引入了国内及国际咨询业通用率较高、相对成熟的策划咨询工具（为节约读者阅读时间，对相关工具仅作基本说明）。

1. "缘起、说明"部分，引入的咨询工具为"企业负责人访谈法"，对于搞清楚为什么要启动相应的策划任务，而与企业或部门负责人进行交流的方法。

2. "宏观或中观背景"部分，引入的咨询工具为"EPSTE 分析方法"，进行经济、政治、社会、科技、生态的分析，指对所在区域 GDP、经济质量、产业政策、营商水平、民风民俗、文化动态、科研水平、生态资源、大气地理等因素进行分析的工具。

3. "微观背景"部分，引入的咨询工具为"五力分析法、平滑分析法、消费者写真和画像、专利查询及行业专家征询法"这几种工具集合。五力分析是分析参与市场经营的各主要力量的工具；平滑分析法是用于预测相应年度销售值的工具；消费者写真和画像，是指研究消费特征的工具方法；专利查询及行业专家征询法，是对技术现状及趋势的分析方法。

4. "策划目标"部分，引入的咨询工具为"目标层级法"，指依据企业年度战略、近中期任务、运营现状这三个层次，来设定策划主要目标的方法。

5. "企业条件"部分，引入的咨询工具为"SWOT分析法"，用于分析企业内部优、劣势和外部机会、威胁，为策划提供条件上的依托。

6. "策略、对策的核心创意"，引入的咨询工具为"哥顿法、德尔菲法"这两种创新点寻找法，以找出产品、服务的卖点、看点和购点。

7. "如何实施策略、对策"部分，引入的咨询工具为"甘特图、思维脑图"等管理方法。

8. "关注要点"部分，引入的咨询工具为"每日提示法"，以强制提示应关注相应对象。

9. "费用预算"部分，引入的工具为"风险线值分析法"，以形成多手准备的灵活预算。

（五）初入门者的评价

在结构模块中引入策划咨询工具后，中、高级水平者们均比较认同（至少让方案有了可依托的分析工具），但效率到底有了多大程度的提升，他们也没说清楚。

而尝试该方法的众多策划初入门者，却认为这样很麻烦！

他们指出，从整体来说，该方法对方案整体内容的呈现，看起来比较全面，但为什么要按这样的主导逻辑来进行策划推论、方案撰写，则需要花很多精力来进行消化、理解，不利于尽快掌握。而其中的各部分，每一个对他们来说，都是很困难的挑战，并且那些策划咨询工具，他们很多人都不会用。

例如，第一部分要采用"负责人访谈法"与管理者交流，但现实是不少策划初入门者，并非经济管理、市场营销等专业出身，对企业市场运营、营销策划，也仅处于初步摸索状态，即便所学是经济相关专业，也因为是初入门级的水平，在面对管理者时，即使想多交流一些问题，也不知该从何处下口。

又如，"企业条件"部分的"SWOT分析法"，要列出优势、劣势和机会、威胁这几类情况，且要求所列情况越细越好，但是作为策划初入门者，每类情况若能列出个三、五点，且每一点之间的概念不出现重叠含混，都已经快使出了"洪荒之力"，更别说每类情况都要详尽列出。

再如，对"宏观或中观背景""微观背景"进行分析时，面对着各种浩如山海的市场、消费、竞争、技术等信息，就像面对一座座云上的巅峰，不知从何处开路、从哪里入手……

策划初入门者对该方法的直接否定，让笔者很快就清醒过来：何需将解决问题的视角，仅停留于策划中、高级水平者？初入门水平的朋友，不正是其中占比最大、效率问题最突出的群体吗？帮助他们提升策划的效率，这才是笔者的初衷！并且策划不就是一个不断学习和积累的过程吗？中、高水平者，在其之前的职场历程中，通过较长时间学习积累，其能力早已羽翼丰满，但对于那些才入行的策划，总不能叫人家一夜之间就变身为精通级的高手吧？所以，就这一点来说，笔者第三次关于策划效率提升的尝试，是失败的！

但是，好在策划初入门者，是策划业中最多的一群人，若能面向他们、赢得认同，即便"屡败屡战"又有何妨。于是，继续保持高昂的热情，再度展开对方法创新的思考。

方法要看用的人，策划初入门者感到很麻烦

第五章 简约策划的五个逻辑

一、专家的答疑解惑很给力

经后续调研了解，策划能力强的高手，在长期的策划工作中，早已形成了一整套行之有效的方法，笔者前面推荐的那些方法，对于他们来说，倒属于可有可无的范畴。

中级水平者，其自身的一套方法体系，也正在逐步形成中，前述中推荐的相关方法，他们最多将其作为一个参照系，拿来进行对比、借鉴，目的在于帮助其自身的方法更加圆熟。

而策划初入门者，则认为笔者推介的方法，要求太高、过于复杂，与他们的实际水准相差太远，很难形成普遍的适用性。

笔者认为在自身无法突破的情况下，需要借助外脑的大力支持，为此，将前三次推介的方法，整理为详细的方法介绍、应用反馈等文字资料，向不同行业的学界、企业界专家，跨界征询看法（专程征询过五十多位大学学者、六十多位企业副高及正高级技术专家），希望冲破思维局限。而专家们的回答也很给力，为后面的方法探索，提供了准确的方向。

（一）"基础性"才是"最大公约数"

帮助能力水平不同的各个群体，设计可普遍适用的工作方法时，应尽量采用"最大公约数"思维原则，不要仅从某一两个维度出发。例如，立足于高手的水平，在设计方法时参考其思维、视野，就是立足高维逻辑，而仅关注初入门者的思维、视野，则又进入低维逻辑。

最好的办法就是选择他们专业能力的最大公约数，找到共同关注和重视，乃至当初共同出发的源头——策划"基础逻辑"思维，作为设计效率提升方法的统一出发点。

能力再强，其策略的逻辑，都必须有一个基础起点和结束点（起点是提出问题，结束点是形成策略），这也是所有策划人皆"心有戚戚焉"的共识。

基础不牢、地动山摇，再牛的策划，只要脱离了稳定的基础逻辑，都会被打回原形。

抓住基础逻辑，对这一逻辑进行整理、排序、组织，形成一套显而易见、简约可行的方法，以此改善个人的策划能力，优化思维反馈，提升策划总体效率，方为可靠之举。

同时，根据脑科学理论，人类大脑由爬虫脑、情绪脑、理性脑三部分组成，其中理性脑负责进行理性思考、权衡利弊，形成应对外部的方法逻辑，以及逻辑指导下的手段组合（策略），爬虫脑则负责排除其中繁杂的冗余信息，选择出最具基础性、精简化的方法逻辑及手段组合，进行存储，以支持大脑形成更快的反馈。

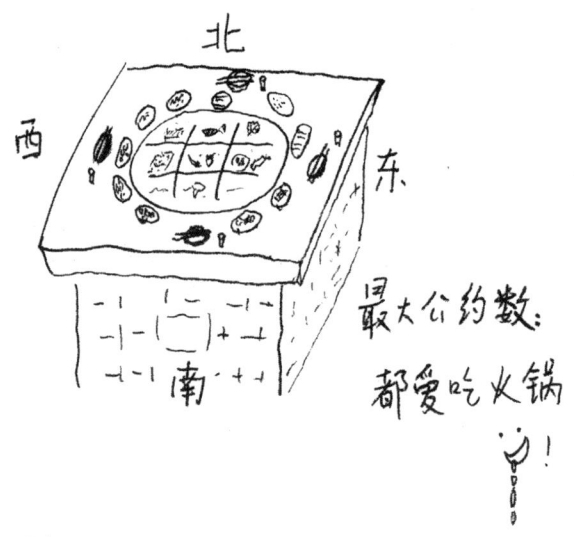

"最大公约数"就是含有基础的共鸣。吃也是基础嘛！

前面的"简报版策划"和"策划结构模块"也属于策划思维的逻辑，但起点、要求过高，以至于冗余信息过多，基础性不足，所以经大脑筛选排序，被自动降低了等级，具体表现就是：被初入门者认为太复杂，而被高水平者认为意义不大。

（二）各行业直接关注的重点不同

"简报版策划、策划结构模块"的逻辑，如消费背景、市场环境、宏微观趋势、竞争研究等，基本立足于一般快销品行业的关注重点，而各行业关注的重点，则明显不同。

例如，五金工具是较重要的民用及工用行业，其实现市场盈收的主要关注点为：

1. 基于期货对冲手段，控制原料价格及汇率风险以降低成本（其成本主体为钢铁）；

2. 合金冶炼技术的创新，推出全新材质（提升品质或降低成本）；

3. 在工具功能上的实用新型专利创新，及该创新在家庭或工厂的适用性；

4. 质量品牌形象持续、稳固的影响力（对消费者和合作者坚定的品牌渗透）；

5. 线下销售渠道和线上销售平台的推荐力度和供货保障力……

需直接关注的重点近十多个，"消费背景、市场环境、宏微观趋势"等反倒是间接因素，五金工具行业在策划上的逻辑起点、创新倾向和关注重点，与快销品不可等同视之。

对此，笔者想起"快枪手"提供的各类策划方案中，有些行业，方案很多，有的行业，方案则很少。方案较多的，集中在服装、食品、家电、饮料等类快销行业，方案少的，则集中在机械、技术、物流、矿产等非快销行业。前者的方案内容及逻辑较接近，更多围绕着市场、消费、竞争者等关注重点做文章，后者则与前者明显不同，均按各自行业关注重点和创新倾向来出策划思路。

不能以少数行业的关注重点，作为策划的基础逻辑，应抓住不同行业共有、共通、共同的特质，推动方法的普适创建。

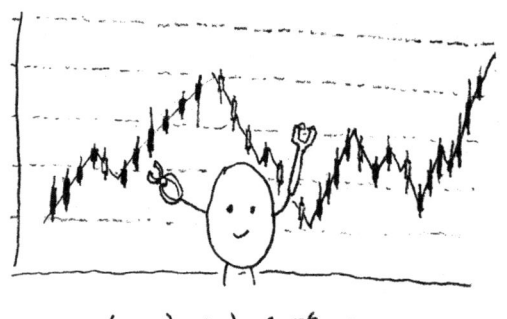

小五金市场运营的关注点？要看金融啊！

（三）咨询分析工具应慎用

笔者之前推荐一些高通用率、相对成熟的策划咨询工具，属于"高维逻辑"应用过度。因为就全球咨询业对咨询工具的应用来看，多数工具都需要经过长期训练，才能达到熟练的地步，叫策划初入门者马上稔熟，就是"赶鸭子上架"。仅以应用广泛的 SWOT 法为例，说起来很简单，但要熟练操作、应用兼具战略和战术分析功能的这一方法，却并非那么轻松。

使用该方法，首先就要做到对优、劣势等不同内容，形成清晰的认知和区别，如"企业在管理政策中，长期支持技术创新"等具体行动，与企业文化中"倡导创新"的理念相比，谁属于优势？从表面上看，文化理念更有高度感，而支持创新的政策是具体手段，但不少人容易将其混淆，把拥有"高度感"的企业文化作为优势，而忽略具体行动。

其次，在评价优、劣势等具体情况时，每种情况的权重该如何看待？如企业产能很强、技术领先、人才济济、政府扶持力度大、资金链稳定等，哪种情况的权重该更高？对此很多企业高管都要思考良久，何况仅为入门水平的策划人员。

最后，优劣、机会、威胁等情况，随时有可能变化，不能将过去当作现在，也不能将现在视作未来。如某项先进技术专利，在当前这一时段的竞争力较强，但能否在未来数年内保持优势，就需要结合国内外的技术发展因素分析，但就策划初入门者来说，则很难做到。

（四）用更广博、深入的视野来思考

各行业在市场竞争中，其竞争力的主要支柱不同，有的是以市场运营为支柱，有的是以技术运营为支柱。例如，食品行业就是以市场运营（市场营销、渠道管理、品牌形象、销售平台等）为竞争支柱，培训行业也是以服务类市场运营为竞争支柱，而量子通讯、人工智能、高端制造等行业，则是以技术运营为竞争支柱。

有的行业市场运营的辨识度较高（如服装、食品、餐饮等传统行业），容易发现其市场策划的基础逻辑；而人工智能、高科技制造等行业，市场运营辨识度受制于技术信息，其策划手段和基础逻辑，往往也隐藏在繁复的技术形象之下，需深入梳理后方能发现。

所以，形成普适型策划的基础逻辑，不能只把目光停留在市场运营印象上，不能只停留于相应辨识度较高的行业，需以更深入、广博的视野，放眼于更多的行业。

（五）简约策划基础逻辑的合理性

专家提示后，经过综合考量，笔者详细规划出策划应用中的整体"基础逻辑"（五个），即：找到根本问题（真问题），分析其原因特别是解决方向（想方向），思考并寻找应对资源（寻资源或找条件），借其形成、

整合创意（成创意），并有保障的推动实施（有保障）。而该逻辑也在后续的应用实践中，因其有效提升策划效率的广谱性、稳定性，受到广大策划人员的高度认同。（在此提醒读者，本书的主要目的，不是讲解标准教学类营销理论中的市场研究、消费分析、策略规划等系统内容，而是专程讲解简约策划的基本逻辑及应用方法。）

简约策划逻辑在尝试、实践中，获广大策划人员（特别是占大多数的初入门水平者）认同的最根本原因，就在于为他们提供了传统策划逻辑、路径和方法之外的一个新选择，且这一选择更加简易可行。正如前述第一章中分析的，按标准化市场营销理论所形成的策划方案中，各版块的内容繁复，看似较全面，但从整体上看，对方案中各个版块内容为何要如此撰写、为什么要按相应编排的顺序一步步地呈现各版块、各版块顺序前因后果的主线逻辑是什么等机理，要做到全面理解、自如应用，还是需要较长时间的经验来进行积累和消化。

最关键的基础，才是策划的五指山！

要抓住最基础的，也要用最基础的来抓

同时，就策划方案各版块、各部分的具体内容（包括标准营销理论的系统方法），该如何推论、如何表达、如何应用、如何完成，对于策划初入门者来说，也是很困难的挑战。即使像笔者当年那样，天天照着各种成型的方案写、读，甚至是照抄，也需要在极大的学习强度下，花费较长时间，才能做到初步的得心应手。所以，只有五个基础逻辑的简约策划，在从策略生成的基本逻辑、具体方法上，另辟蹊径、自成一体，凭借其简省、从略、效率等关键优势，受到多数策划初入门者的集体青睐。

并且，从学习知识的态度来说，学习简约策划方法，打通上述五个最基础的逻辑，与掌握其他的市场营销理论知识也并不矛盾，待掌握的知识达到一定的火候时，这些理论知识与最基础的逻辑，将会形成刚柔并济、相辅相成的合力效果。

除了具体实践验证，专家们认为上述简约策划的基础逻辑，之所以能顺理成章（可形成其自身的逻辑自洽），其主要原因在于以下几方面。

第一，只要是策划工作，不管是要进行"具体经营、市场调研、消费态势、发展环境、宏微观背景、企业资源、竞争环境、策划目标"等诸如此类的各种分析研究，都是为解决企业面临的问题，而且必须是真实的问题，并非浮于表象、无法解决根本矛盾的假问题。

但往往市场上的一些策划理论、策划案例，大多都像记流水账一般，反倒把"经营需求、竞争调研、消费分析、市场环境、宏微观背景……"等辅助性内容，作为策划学习和内容展现的重点，而需要解决什么实质问题这一"初心"，却被忽略了。特别是不少供学习的策划方案、案例中，通篇都是这类流水账一般的东西，集中于各种数据、文字的大量堆砌和表述。不少策划初入门者，往往更会迷失于其中，看了半天，却没发现策划真正要解决的实质问题在哪里，以及一大堆分析内容与要解决的实质问题之间的强关联性在哪里？虽有部分很优秀的策划从业者，在方案中能清晰交待要解决的问题，但这类优秀案例在现实中确实较少。所以，与其过多纠缠于辅助性、表象上的内容，不如一开始就抓住策划需要解决的实质问题——真问题。

第二，策划不但要解决问题，也是一个讲求策略的过程，因为在现实工作和生活中，既存在着大量能够以直接应对、正面处理的方式来解决的问题，也存在着无法用直接手段解决，需要依靠预设、间接或机动化手段来解决的问题，且必须对解决问题的方向进行有效设定，以突破方向迷惑和方向失准。

同时，策划中收集到大量关于市场、竞争对手、消费者、环境、政策、经济大势等方面的信息，往往也表现得错综复杂、扑朔迷离，没有丰富的经验和较高的专业水平，策划者很容易被这类大量化的信息所误导、困扰，反倒可能失去对如何接近、突破和超越解决维度、目标的深入思考，将不该浪费的大量时间、人力或资金成本，浪费在繁杂信息的解读上。

所以，必须在思考和发现根本问题后，进一步深入思考问题解决的方向，根据问题的实际情况和对态势的掌控前提，做好相应的解决方向设定。并且拥有提前预设的方向，也可作为一个如何更加有效解决问题的参照维度，多一份解决问题的谋划和把握。

第三，提升解决问题的效率是策划的本质要求，在思考清楚真假问题、预设相应的解决方向后，寻找能借用或可依托的各种内外资源条件，作为支持策划解决问题的有力臂助，完全不啻"如虎添翼"。企业内部所拥有的，企业能从容掌控的，企业外部非拥有的，虽无法掌控却可积极拓展的……这些资源条件都值得采用或争取，只要有利于策划解决问题，只要合理合法，就皆可一用。

而寻找各种资源、条件，作为预设问题解决方向之后的步骤，也具有一定的灵活性。一般来说，在简约策划中，寻找资源条件，是在设定解决方向之后，即根据设定的方向，来寻找合适的资源，例如，某企业苦于无法掌握之前参与过该企业促销活动的客户情况，无法对这些客群资源进行再次推广和促销，那么，若从直接方向预设来解决，就是客户参与促销前，必须用手机软件扫描二维码，进入相应的客源管理平台后，方能享受促销优惠，此时，相关资源条件，就是需要一个适合该企业投入成本、管控能力的互联客源管理平台（方便企业进行维护）。

同时，也可以在寻找或"偶遇"到相应资源条件后，根据资源的具体情况，来调整之前设定的解决方向（将之前预设的方向作为参照维度）。例如，某科技企业在全球新冠疫情暴发的情况下，面临"其国际科研合作因疫情防控原因受阻，相关外国科研人员无法亲自前来中国参与研究"这一问题，对于该问题，最初的解决方向预设为直接购买国际相关科技专利，来解决相关技术研发问题。但在解决问题的过程中，该企业发现当地的欧美博士留学生协会中，有在相关国家开办同类型技术研究中心的中国专家，于是通过人际关系搭建与专家的合作，并借其研究中心引入无法进入国内的相关科研人员，推动后续的研发工作，节省了一大笔专利购买成本。此时的解决方向，已根据资源的具体情况，由预设的直接方向，调整为间接进行解决的方向。

第四，明晰了实质问题，预设出解决问题的方向，找到可资助力的资源条件之后，还需采用创意方法，形成能实质性解决问题的创意策略、手段。这里所说的创意，与传统概念中，令人眼前一亮或充满惊奇的"创意"不是一个概念，这里的创意追求的不是新颖、超前等表现花哨、立异的形式感，而是问题的解决能力，能够达到解决的目的，就具备了创意性。

例如前面所说的某科技企业，借助中国专家在相关国家开设的研发中心，引入无法进入国内的国际科研人员，持续推动研发工作后，又比较担心国际科研人员与该企业联合研发的科技成果，若不能及时拿回国内，或被偷取知识产权时，该怎么办？此时，该企业广大员工采用多人头脑风暴创意法，获得一个具有解决能力的创意策略：采用国际认证的原创知识产权实时记录、认证、传输系统，对相关科研仪器、试验平台等进行联网，及时采集相关的研究数据，并利用较成熟的国际间互联专线网站，每隔一段短暂的时间,就将实时收集的相关研发数据包传回国内。这一创意手段实务有效,能实质性地解决问题,并非追求花哨、立异的感受,具有较强的解决能力。

第五,让创意策略得到有保障的应用,不光指要有所谓的实施力或行动力,还要了解策划工作应在什么情况下,以什么样的状态,介入相关产品、服务或项目的具体策划中,因为只有了解介入前的情况和状态,才能集中资源,更好地应对策划需要解决的问题,提升面对不同情况时的策划效率。策划中很有可能针对同一问题,形成多个创意手段、措施,在多数情况下,这些创意,因受制于企业成本约束,不可能一窝蜂地一拥而上,所以需要对创意进行筛选,以及对主要、次要的创意进行有效搭配后再应用,方能形成更好的实施效果。策划在企业中并非只进行一、两次,而是一种长期、常规化的运作,所以,让前述策划工作,保持一种可常态化、持久化运作的准备状态,也非常重要,策划从思想成果(方案)到实施,需要各种支援、支持或筹备要素,将上述要素整合起来,形成一种可维持策划常态化运作的准备平台,也是让策划实施更有保障的重要条件。

第六,基于"真问题、想方向、寻资源或找条件、成创意、有保障"这一基础逻辑的简约策划过程,其从思考起始点"真问题"到决策形成点"成创意",其工作动线非常简约,有利于形成稳定的、可循环化的闭环式思考,在面向市场中各种不确定性时,能以更快的速度形成响应,并对难以解决的问题进行多次的循环策划、循环思考,而"有保障"将为这一闭环思考逻辑,提供更稳定的支持系统。例如,一些市场策划、研究理论的逻辑分析树,在其主干和枝干逻辑上所作推论的延伸过长,当其无法解决问题时,回头再来进行一次策划的时间成本、效率成本和机会成本很高,这也是学术式策划很耗费企业成本的关键原因。

同时,简约策划这一闭环式逻辑,也是一个开放的逻辑思考过程,对应用者、参与者的专业方向和理论水平,并不作绝对化的要求,没有学习过,或者学习过标准教学类市场营销、经济管理等理论的人,都能参与应用,这也是简约策划能受到策划初入门者欢迎的原因之一,毕竟来自企业的策划人士,很多并非市场专业的科班出身。

并且在简约策划开放的推论顺序中,"想方向、寻资源或找条件、成创意"这三个基础逻辑,可以按现有顺序推论,也可以作顺序调整后的推论,例如,先在思维中"成创意",再"想方向"或再来"寻资源或找条件";先"寻资源或找条件",再来"想方向",再来"成创意",不受逻辑顺序固化或套路化的影响。

二、简约策划逻辑一:真问题

策划思维的"基础逻辑"之起点,就在于提出了"问题",细细想来,无论简单问题,还是复杂问题,只要有了问题、出现问题、遇到问题,就需要围绕解决问题而行动,不论是企业,还是个人,皆是如此。

例如肚子饿了,想吃东西,是解决温饱问题;常失眠,想睡舒服,是解决睡眠问题;工作有压力,找领导谈一谈或约朋友喝几杯,是解决情绪问题……只有面临"问题"时,才会产生解决问题的念头和动力,这也是策划"基础逻辑"的起点。这种最基础的,往往也最具高度和包容性。

不必纠缠于"消费、市场、宏微观、竞争者"等具象内容,不管什么企业,都要遇到各种不同问题、困难、处境,凡是需要策划能力来解决的问题,皆是简约策划的起点。

(一)"真问题"和"假问题"

不少企业、项目的策划工作,反复出现困难、不停碰到阻碍,就在于没有搞清楚什么是真问题,什么是假问题。

爱因斯坦说能在一天内成功解决的问题,其中要花二十多个小时,用于搞清楚问题是什么。但一些人很少有"解决问题前，需清晰界定问题"这一观念，且乐于轻率为问题下定义，反倒让问题越来越大。

什么是真问题？真实地反映现实与合理需求相冲突的客观存在，就是真问题。有人就会有问题，因为人有需求，当生活、工作中的现实，与合理需求有冲突，与需求不符，或无法满足需求时，问题就出现了。抓住真问题，相当于看清客观现状，让解决问题的逻辑、方向不至于离题万里。

什么是假问题？即未能真实反映上述冲突的问题，例如，位于市中心人潮集中区的某快餐店订餐量不足，但店方每次都把问题定义为"厨师技术差，或菜品原料质量差"，换了多个大厨、采购员，问题仍不见扭转，直至解决了"套餐定价过高、品种过少"这一问题，才扭亏为赢。现实是"价高、品种少"与"较高订餐量的预期"形成冲突，但把"技术差、质量差"当成现实，显然是假问题。当然，不合理的需求也会造成假问题，例如"招聘开挖掘机的高手来生产飞机"就是一个典型。但要分清真假问题，还会受制于主客观因素的影响。

举一简单例子。某位老年人有个很固执的观点：雪花能消毒杀菌。因为他认为"雪花在零度以下，该温度足以冻死各种细菌"。雪花是否能杀菌？该问题并非真问题，零度低温可冻死少数细菌，但对多数细菌只能降低活性，无法杀灭，这是基本常识。

但老人为何要固执己见呢？首先，其并非生物或医学专业人士，缺乏专业认知；其次，他认为冰箱冷藏可防细菌滋生，类似用冰雪储存；最后，年轻时常听到"瑞雪兆丰年""冻死苍蝇未足奇"等用语，受到一定传统和习惯的影响。由此可见，其不能分清真、假问题，还受到专业认知、个人经验、文化传统等因素的影响。

再举一个相对复杂的例子：前几年舆论盛传"方便面将被市场淘汰"，当时普遍的看法是"传统方便面败给了外卖小哥""被互联网外卖打败，但与互联网无关"，批评方便面虽价廉方便，但"不思进取"，败给了"互联网+外卖"新模式。但从后来的行情看，2018年至2020年疫情可控后，更经济实惠，品种味型和配料更丰富的方便面，却在不断刷新销售高潮。显然，相关舆论将"外卖成功PK方便面"当成真问题，但现实并非如此。

1. 近年来，方便面企业更注重产品研发，从口感、味型、配料，包括面条加工方式（油炸到非油炸），更加丰富多彩。

2. 不少方便面企业成功实现了口味地方化及国际化，不但能深耕地方市场，还拓展出海外市场（特别是川渝两地的方便面产品，其产品创新很有地方风味）。

3. 虽外卖平台较盛行，但消费者受制于经济条件，为控制消费成本，大多保持了对方便食品的忠诚度（特别是商务人群），另一方面，不少外卖快餐的价格却在逐年上涨。据相关大数据统计，方便面的高频消费群体在近年来反而增加了。

为何舆论会受制于假问题？原因主要有三：部分舆论采编人员，缺乏相关行业研究的专业经验和背景；在2014～2018年互联网泡沫期，受经济环境的信息干扰，全社会将互联网视作破解经济问题之神器，认为有此加持，各类问题皆可迎刃而解，过度看轻传统食品的创新成长性；主要将研究眼光过度集中于餐饮O2O和少数困难方便面企业，加之相应的互联网思维不成熟，缺乏对超市、小卖部等线下新零售的深入调研，使其判断失准。

关于假问题的思考，雪花的威力很大吗？

与那位老人差不多，除了受制于专业、文化、经验等因素之外，还会因为条件变化、干扰信息、研究程度等影响，容易将假问题当成真问题。

（二）思考"真假问题"的三步方法

在策划中如何分辨问题的真假，做好简约策划的第一步？在此推荐三步分析方法。

1. 第一步，眼见为实（应亲自进行调研）。

耳听为虚、眼见为实，现代企业工作繁忙，无暇亲临现场进行调研的现状，让不少策划人员也养成了闭门造车的坏习惯，"坐在办公室，电脑看天下"代替了现实的策划调研。但不亲自进入、不亲自考察，会让主观感觉代替事实而误事。

例如，某糕点企业的网站投诉页显示，其手工生产的海绵蛋糕一口咬下去，像直接咬在了砂糖的糖粒上，甚至因糖粒黏成小糖块，还有些硌牙。但管理员未深入现场调研，认为该问题只是一些糕点师傅"手工调糖不均匀"造成的技术问题，于是，狠抓师傅们的相关技术培训。但后来发现，问题仍未解决，类似的投诉不断。

而隔了一段时间后，又出现关于面包太甜的投诉问题。其面包由自动化生产线加工，难道是自动生产线也出现类似的问题？若仅靠投诉记录来分析，投诉信息的指向，是面包太甜，由此不少人会判断，这也是因为"调糖不均匀"这类技术问题。

但后来管理员会同技术专家到现场调研后，才发现是生产主控电脑出现软件故障，让一些糕点配方中，糖的比例过高，且此故障肉眼难以发现，电脑继续依样画葫芦，引发投诉。

仅依靠一些信息、数据或传言，只能形成主观的臆想场景，无法反映现实，欲掌握翔实的现状，必须眼见为实，再结合信息数据，才不会让人"失之毫厘，谬以千里"。

2. 第二步，具象集中（汇拢过于宽泛的概念）。

某产业园出租率低下，负责人想了解"出租率低"这一问题的根本原因，到处问计。

遇到笔者，笔者先让他列出可能导致出租率低的诸多前提（前置问题），有多少就列多少，因为出租率低是个大问题，涵盖的内容太宽泛，应让问题更加具象、集中。

此君思考半天，认真写出三条：一、园区厂房按大型企业标准进行规划，单位面积过大，与一般企业的面积需求可能不符；二、是否空置区域的租金单价过高，导致市场认为总体地租成本过高；三、招租策略、支持政策、形象品牌等，可能不给力，未达到效果。虽然只有三条，但对问题的认知，要比之前要更加清晰、聚焦，可考虑将这三个前提视作"是否与需求产生冲突"的现实，若其符合现实情况，则可作为进一步思考和研究的问题对象。

任何复杂的困难挑战，或拥有一个或多个问题及其解答范围，将问题集中，才是避免"越想越迷茫"的主要手段。正如那位写出三个问题的负责人，是先将思考领域进一步打开，以避免问题在具象、集中上的简单化，避免顺势因循的思想惰性对判断分析的影响。

3. 第三步，一问到底（至少问到五个层次）。

在进行问题的具象集中后，对其中符合现状的问题，就可以展开一问到底式的源头性分析。"一问到底"指对问题产生的线索，进行刨根问底式的连续发问，直至找到最源头的那个问题，在很多中国古籍中常见此类问答，春秋时期即有"三五其问"之说，意即问到三至五个（或五个层次以上）问题，基本能找到其源头。

例如，对产业园"租金可能过高"的问题，可以这样问。

问题1：认为租金过高，是自我感觉很高，还是有所对比？

回答1：有过对比，至少比市场上的A园区、B园区、C园区的出租单价要高。

问题2：为什么要高于那些园区，有何依据？

回答2：管理方认为本产业园在甲条件、乙条件、丙条件等几个重要的园区运营条件上，要优于那些竞争者。

问题3：为何认为甲、乙、丙等重要条件，要优于竞争对手，具体优越在何处？

回答3：对这些条件未进行过详细对比，只是收集、分析了一些新闻资料，所形成的看法。

问题4：评估过那些新闻资料的真实性吗？

回答4：没有，管理方认为那是真的。

问题5：为何认为那些新闻资料是真实的？

回答5：那都是他们自己的感觉。

经过这五个层次的问答，产业园"租金可能过高"这一问题的真假性，就非常清晰了。

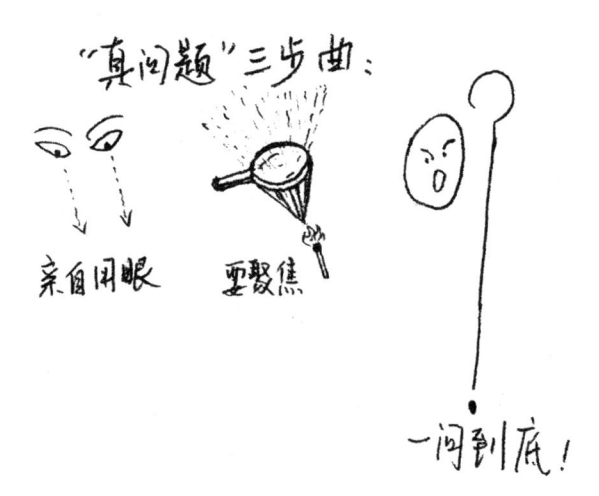

认真做到三步走，有效发现真问题

此三步分析方法不能只由企业管理者来使用,建议让更多适合的人(如各级员工等)都能积极地思考问题的真假性,集思广益形成群体智慧成果。还可邀请第三方专业人士,对判断出的真问题,做进一步的思考和验证。

通过以上分析步骤,基本可判断企业所面对的"问题"之实质,辨析其是否真实地影响了企业或项目的正常经营。若提出的"问题"不是真问题,那就需要按照上述步骤,再次进行真假性思考,多次循环后,直至找到形成影响作用的真问题。

三、简约策划逻辑二:想方向

若通过前述步骤,找到了影响企业或项目的真问题,那么策划逻辑的第二步,就是"想方向",即在分析问题的过程中,找到并预设其解决的方向。

有果总有因,前面所说的找到真问题,等于找到了认清问题的门路,甚至能从中发现问题的关键起因。而找到问题解决的方向,则等于相应问题就已经解决了一大半!

据对各国大中型科技实验室的大数据统计,其中近11%的试验内容是在查找问题的出现,近19%的试验是在寻找问题的原因,而近59%的试验则是在寻找问题破解的基本方向或技术路径、出口,也说明了找到问题解决方向的现实性和重要性。

除了一些迷雾重重的历史和社会事件,就一般企业和项目的情况来说,找到问题发生的原因,并非难事,甚至在对问题真假性的分析中,很多问题的原因,也能轻易地显现出来。但要找到问题解决的方向,却非易事。否则,一些问题及其原因皆很明了的企业、项目,其问题为何就一直解决不了呢?其实质情况,还是在于未找到问题解决的方向。

之前见到过一只甲虫,掉到雨后路边的水坑中,一直扑腾,试着重新回到岸边,甲虫距离岸边很近,还不到几寸远,但因其乱扑腾,每次扑腾的方向都是错的，导致甲虫越动，离岸边就越远。这就是没有找到方向的结果！

在现实中，寻找问题解决方向的状态，主要分为五类：第一为迷惑于方向；第二为预设中的直接方向；第三为预设中的间接方向；第四为方向失准；第五为制造条件下的机动方向。每一种状态，各有其生成、设定的机理，需认真梳理说明，以便找准方向。

甲虫在水中扑腾的俯视图，所以说方向很重要

（一）迷惑于方向

从生物学角度看，甲虫眼视距不过只有一两寸远，且其体积渺小，相对水坑则如大海，四野皆水，无一可参照之物；虫类的生物记忆，仅限于熟悉的生存环境，若换到新环境中，只能通过"乱扑腾"式的触碰，借助神经系统对周边环境的简单感知，以寻找方向。

以上是基于生物学分析，而现实中出现这种情况的企业，也不在少数。笔者之前见到过一家企业，该企业多年来靠生产某种机车产品而生存，但近年来随着此类产品，被新品类所淘汰，企业经营也开始陷入困顿当中。若企业管理层略具战略眼光，面对新产品正处于市场增长的红利期，完全可以利用现有产能资源，转换其产品类型，形成新竞争优势。

但其内部却分为了三派：第一派坚持原产品生产，认为只需加强技术改造，仍有一定利润空间；第二派认为应淘汰原产品，而新品类投资颇巨，应放弃机车市场，转换到稳定性较强的食品加工业；第三派则认为应全面退出，持大量现金流，成为纯粹的产业投资者。

三派人物每日唇枪舌剑，你来我往，谁也无法说服谁，最关键是企业大股东的年龄较大，老年人受三派人的影响，对未来也拿不定主意，最终导致企业错失升级发展的机会。

后来发现，三派意见背后，皆有其既得利益倾向：第一派负责人为将要退休的副总裁，已近退休，全无争心，只求拖延；第二派负责人为另一个高管，其亲戚是食品加工设备商，想引导企业转型食品加工，从中捞取利益后退出；第三派则受到企业投资部相关领导的影响，欲利用其擅长之投资专业，借势另起炉灶，企图攫夺更多的权力。

由此可见，问题原因很清晰，即旧版产品将被市场淘汰，但在解决方向上却陷入迷惑。

第一，缺乏眼光。正如那甲虫，诸派人物只看到当下既得利益，全无长远战略眼光。

第二，没有对照。企业需常关注行业动态，并以其他先进企业为对比，不应囿于内部的意见纷纭，而折腾不前。

第三，无法应变。老股东已满足于原产品形成的舒适区，而无法摆脱。在应对新环境时，仅靠内部亲近者的意见，如同支撑虫类记忆的神经系统，靠乱扑腾的粗浅方式来感知环境。

在最后，投资部一派"忽悠"成功，自恃其投资管理经验，无视跨行业投资对专业的极高要求，将企业转向为专业投资机构，但后续投资均告失败，由此一蹶不振。有的事，说来简单且显而易见，但更如史书中的王朝更替往复，旁观者清，当局者迷。

欲突破方向之迷惑，做到当局者清，企业需从以下几点入手，并从长计议。

1. 培养战略眼光，淡定从容研判未来之趋势，并持续研究行业内外成功和失败案例，以经营水平、管理状态、市场数据为对照，发现自身长处和差距，于出现剧变时进退有据。

2. 坚持市场策划、战略谋划、技术储备、人力资源等核心能力建设，特别是创业一代要突破原有舒适区，团结一切能团结者，形成内部智慧的合力，一心服务于企业发展。

3. 坚持行稳致远的定力，除非是与国家发展方略、产业技术革命等大势背离。

所以要突破方向上的迷惑，就需要一定功夫，毕竟除了个人能力，更宏观（更微观）的上位或下位影响因素，还是客观存在的。

那么如何突破呢？现以一个很微观的自热食品创新为例。西南某市的某自热快餐品牌，兴起于几年前自热食品的网红期，但近年在方便面、街区餐饮（含外卖）等"无关"对手的夹击下，于当地举步维艰。当地一包加量方便面，仅需数元，街区餐饮一份盖饭或汤面，管饱不过十几元，但以回锅肉等品种为主的该自热快餐品牌，售价要近30元，令人望而止购。

厂家也找了不少广告、策划机构，以图解决，但给出的对策主要有两类：其一，加大当地的广告推广，提高品牌占有率；其二，调整价格，薄利多销。然而令其头痛的是，广告做了不少，价格也降了（快逼近成本警戒线），但销量一直上不去。纠结之下，都想放弃退出了。

找到笔者交流，通过前述的真假问题分析，发现其问题并非在于价格。

1. 除了价格贵，品种单一也是问题（主要品种为鱼香肉丝、回锅肉），且这一两个菜式对当地消费者过于家常，无法解决消费趣点和痛点。

2. 自热包装需用能高温加热的材料，其成本较高，价格不可一降再降。

3. 其中菜品、米饭湿度相对较高，需作防腐处理，且包装材料有塑料成分，高温中易放出塑化物，更易引发消费者排斥心理。

价格再降、广告再打，也无法解决问题，该品牌应有行稳致远的发展定力，不可轻言放弃，要以立足战略化的眼光，来思考产品的前途，解决方向为以下几点：第一，回锅肉、鱼香肉丝等菜品，在当地无吸引力，但外地喜食巴蜀风味的人士则很感兴趣，有发达的互联网销售渠道相助，不妨将经营当地的内线战略，转换到主攻外地的外线战略，满足全国各地对川渝菜的兴趣；第二，面对方便面、街区餐饮，应改变单一风味，筛选并动态化的开发系列更具特色的爆款菜系，既满足外地也支持当地，以多元丰富来弱化对手；第三，主打健康牌，在成本可控的前提下，力求采用绿色包装材料，力求避免防腐剂，并给市场一个承诺。

该品牌按照以上问题解决方向，进行了有效的创新策划：1. 借助网络渠道，将市场拓展到西南之外；2. 每隔数月就尝试推出极具巴蜀风味的新菜品，并借助市场筛选机制，形成兼具动态和稳定性的爆款系列，打出"尝鲜巴蜀"品牌，把原来的仅满足温饱，变成了可轻松品尝巴蜀风味的兴趣特餐；3. 采用绿色包装，合理控制成本，并向市场承诺，推出"半月抛型自热系列"，即为避免添加化学防腐，若产品待售时间超出半个月就销毁，给出清晰的健康要约，既实现了有序控制产量，又以"承诺营销"的效果吸引了消费关注。

经过一段时间发展，该品牌不但在方便面、街区餐饮等对手面前站稳脚跟，还在上海、广东、福建、浙江等省市，包括日韩、马来西亚等国成功拓展，售价也上调至三十多元。

眼光、定力、方向！

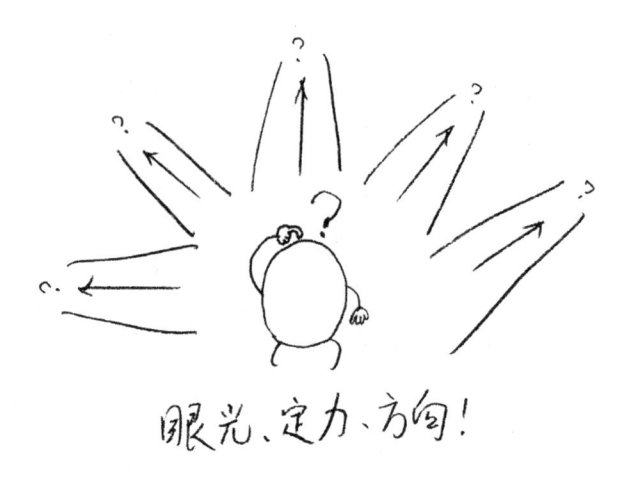

解决对方向的迷惑，还是需要一定水平的

（二）预设中的直接方向

什么是问题解决时预设的直接方向？用自然界的生物来示例，可以用射水鱼捕捉空中飞虫来比喻。射水鱼捉飞虫类似于射箭，两点一线，直来直去，预设相应的前提，再直击其目标。射水鱼先判断空中飞虫的三维位置，提前准备仰头的角度和射水力度及射水量，之后再根据虫类的飞行情况，瞄准并奋力喷水，将虫射落于水中。

该问题解决的方向有预设前提、目标，与前述中迷惑于方向完全不同，其关键点，在于理清问题原因的作用机理（判断位置、射水角度、力道），以及应势而变（虫类具体停留或飞行情况），再直接奔着解决问题的目标（或资源、条件）而去。

即解析原因形成或作用的基本机理，并清晰地理解相关原因是怎么作用于现实当中，针对问题的具体情况，应势而变，形成预先准备和动作。

例如，西部某大型城市商业综合体，在对入驻品牌的招商中，欲拿出30%左右的最佳铺位，引入知名的奢侈类品牌，以提升在当地的品牌影响力。但仅在一次性接待了几个较大的奢侈品企业之后，其奢侈品招商工作，就陷入了停顿：向一些奢侈品商家（包括代理企业）发出邀请函、招商资料后，皆鲜有回音，颇有石沉大海、无人问津之尴尬。经过其内部分析，发现问题可能出在招商考察的接待过程中，但又不清楚具体状况出在何处。

前来考察的几家企业均属于同一个市场同业信息交流联盟，不但对综合体的建筑、装修等硬件，提出相应的入驻标准，还对综合体商场的现场服务、品牌形象等软件，有着较高要求，这些企业正是在考察其商场的现场服务时，发现了相应的软件问题。

部分奢侈品企业在对商场项目的现场服务考察时，有一个专门且较隐蔽的"小便测试"，即男性测试者故意不在男厕小便池处方便，而是当着物管清洁员，站在男厕马桶处小便，并故意将尿液溅到马桶外边，以测试物业服务的稳定性、标准化、从业素质等软性质量。

结果该综合体在此类测试中，部分物业人员竟出现"当场谩骂、出言不逊"等状况，令其在对方考察的"关键接触点"上，失之信任（且该情况经同业交流，也在一定范围内，对其招商形象造成了负面抗性），成为"因一块马蹄铁，而输掉一个国家"的现实版。

其问题在于，对原因起作用的机理分析不足。若能先向对方虚心求教，从中了解相关机理，通过加强员工服务能力、素养及情商等系列培训，形成服务质量稳定的机制等方法，对不足之处进行有力弥补后，再邀请对方（或另行邀请其他商家）前来，尚有转机。

但综合体未能应势而变，既未求教于对方，也未进行相应的弥补，而是马上自作聪明地推出后续招商策略："太阳落山有月亮，奢侈品招商仅是一个机会罢了，既然较难推动，不如调转方向，转向高端买手品和快时尚品牌的招商。"

但高端买手品和快时尚品，两者也有其如何进行品牌卖场拓展的内在机理。

不少高端买手产品可以说是奢侈品的升级版，是部分精英消费人群不再满足传统奢侈品在形式、风格、形象等方面的统一规制和保守感，转而为自己选择适合自身风尚的差异化定制类产品。其卖场拓展的机理，在于其主力消费群高频度出现的区域、空间、环境中，打造具有自身文化IP和归属感的场景，其对集结大众流量的综合体商场，并不感兴趣。

而快时尚产品，则是要求在第一时间内，通过在线数据收集信息，进行消费写真，推出具有当季一线时尚符号、感受的产品，但不要求引领主流时尚，也属于小规模定制类产品，且多利用线上平台和网红效应销售，对线下卖场的位置，没有硬性的客流量要求。

而该综合体企图将上述两者，强行聚拢一起进行招商，结果也就可想而知了。

所以，应理清原因起作用的机理，充分认识应势而变的重要性，找到预设中直接方向的前提。建议从以下几点入手，形成相应的方向判断力。

1. 培育分析、研判能力，至少能对市场上出现的现象、事物等，其发生或运作的商务逻辑、作用条件、促动关系等机理，进行较清晰的认知。做到这一点并不难，若能坚持阅读专业的商业分析杂志、期刊或网络文章，即可在一段时间后，逐步形成这种能力。

2. 对机理发生的作用，形成更灵活的应对手段，让企业运营的身段更加柔软一些，不要固执己见，多方交流、多元思考、多维碰撞，让应对问题的思想火花更广阔的绽放，从而发现变化的趋势。

例如，西南某不锈钢厨具品牌企业，正是在解决问题时，清晰把握住了预设的直接方向，从而一举在当地竞争者的联手打压下，成功突围，并实现市场逆袭。

该不锈钢厨具，设计风格时尚，质量优良，在之前房地产高速发展时期，就正式进入当地市场,成为当地最早的不锈钢厨具类引领品牌,深受消费者欢迎,同时也因火爆引起了竞争对手的关注,并逐步介入不锈钢厨具的品牌竞争。

但在近年来,该企业突然发现其生意变得很难做,明显感受到不论是零售,还是集采批发,不少客户都是当面说不错,但在后续的电话、微信等回复中,皆是较推脱的态度。

为此,该企业邀请了当地一家知名策划机构,想破解该问题,该机构分析认为,问题在于竞争白热化,已进入品牌淘汰期,所以,需进一步提升其品牌差异化,推出产品新优势,并建议新策划的内容为:将该品牌之前从未推广的"原材料为进口304板"作为新突破口,强化进口材料质量更高、食品级304板更健康等新卖点,适应当下讲求健康环保的消费潮流。

但在推广启动后,新策划并未扭转困局,反倒让其当地门店的来客量(包括线上)出现陡降,可谓门可罗雀。经企业谨慎调研,发现"原材料质量影响销售"属于假问题(策划机构则希望借质量差异化来进行突破),产生困局的核心原因,在于竞争者对该企业的联手打压。因为对手们一直忌惮该品牌的市场地位,近年来一直在联手压制该品牌的市场份额,并借助信息不对称,利用各种市场信息渠道,散布谣言攻击:该品牌的不锈钢材料是从某个出现放射泄露的国家进口其304板在原产国生产时混入了有毒金属……而那家策划公司将"进口材料"作为差异化优势,更是"坐实"了谣言。

该企业认真分析了问题原因的作用机理,即对手放出的谣言信息"引发了消费者担忧,进而弃选该品牌",那么问题的解决方向,就应该直接预设为"采取高效手段,消除攻击类谣言信息对市场的干扰,让消费者安心购买"。

该品牌在设定问题的解决方向后,并未着急反击对手,而是应势而变,放下身段，积极主动地与各家咨询机构、策划机构，多方交流、多元思考、多维碰撞，在广泛寻求预设的高效策略后，一个大胆的计划浮出水面：举办该品牌入市 N 周年的纪念活动，征集当地 1000 名消费者，前往该企业参观体验，并参加抽大奖活动，从中抽出十位消费者，前往该品牌上游产业链（板材）的生产国，进行考察旅游。同时按计划加大进口板材的宣传力度。

活动如期举办，热烈隆重且成功，市场才开始发现该品牌原材料的生产国，竟是欧洲某工业大国，并非来自谣言中的那个国家，此时谣言不攻自破。但企业还有后手，趁活动热度未消，立马邀请欧洲供应国的一线学术专家、科技专家，就原材料是否为进口这一问题，联合消费质量机构，在当地进行了轰轰烈烈的打假、访查活动，并就市场上的某些伪劣厨具，向管理部门进行了公开举报。此举还未结束，该品牌实体门店和线上的销售量，又恢复如往。

清晰分析原因形成或产生作用的机理，应势而变，进行有效预设，方"更加"直接。

人既聪明也会学习，应该要比射水鱼能干哟

（三）预设中的间接方向

对于捕猎虫类这种行为来说，射水鱼预设好相应的前提，便可直击目标，但对于捕猎其他更高级的动物，这种提前预设的直接方向，则不一定有效。

有时候，解决问题的方向太直接，反倒会引发诸多对立因素，进而让效果无法保障。以狼捕猎鹿群为例，现实中的孤狼，或少数几只狼，若在猎捕时以直接路线出击，往往还没靠近鹿群，其企图就会被鹿群里的警惕者发觉，发出警示鸣叫；或在靠近鹿群边缘时，被鹿中的强壮者，以其锐角对峙驱离。所以，预设方向太直接，多数会无功而返。

而采取预设的间接方向，则大为不同。狼群的捕猎作战，就是间接方向应用的经典，当狼群盯上鹿群中的某几只鹿为预设目标时，常派出另外一批或几批狼，作为佯攻方，反复干扰鹿群中的警惕者，牵制鹿群中的护卫者，达到分散鹿群自我保护力量、将整个鹿群分割开的作用，之后由专门的捕猎狼，专攻盯上的那几只鹿，成功概率将大大增加。其关键在于间接、迂回或折返式的解决方向，以达到"换着花样到罗马"的目的。

例如，东部地区某综合小家电企业在前几年，于当地众多的家电品牌竞争中，陷入"洗碗工效应"，即在其产品研发、品质改善、宣传推广等方面做得越多，越是陷入市场红海，很难摆脱有实力对手的纠缠。你现在研发出一个创新特色，或推出一款新产品，别人马上跟着也出一个，甚至创新效果更好；你今天做一个品牌推广，别人明天也照着来一个，甚至声势规模更大……令其应对乏力、烦不胜烦。

该企业邀请国内某知名咨询机构，进行相应的全面竞争力调研，结果发现在整个小家电行业内，企业及其各类产品所拥有的优势、弱势等，竞争对手及产品也全都拥有，如果直接地整合企业的现有竞争力，进行全面应对，则很难找到问题突破的发力点。

于是，咨询机构建议，首先弱化全面型产品生产战略，集中以"电吹风"作为主力突破方向，在产品质量上，形成较强的单品突破优势。

当听到这一建议时，企业负责人简直不敢相信自己的耳朵，认为花了"大价钱"请的专业机构，竟然提出这么一个平庸的建议？但在看完整个建议报告后，则转惑为喜。咨询公司认为，若按该企业现有小家电产品的种类，针对竞争者各自出击，那必然会陷入"你做初一，他做十五"的完全竞争状态，与其"劲练十指"不如"增强一臂"，将优势集中于电吹风：

第一，已经有知名国际品牌在电吹风产品的创新上，获得成功的市场验证；

第二，由于国际品牌提升了市场对电吹风产品的性价比期待，形成了无形的品质标准；

第三，国际品牌的无形标准，其核心在于产品质量上，并且与国内品牌拉开了较大的距离，形成了一定的竞争壁垒；

第四，该企业的相对优势，也主要集中在质量上，其家电的电机部件，正是该企业引以为傲的资源，号称在电机运行的稳定性和持久性上，不输于国际品牌。

所以，应将企业诸多条件当中的相对优势，进行整合策划，使之成为最突出的品牌特色。但若以产品核心部件的相对质量优势，作为直接的竞争手段，并以产品本体的直接特点进行展现，很易被对手模仿，且在竞争优势的创新表述上，难以形成"不得不买"的说服力。

那么对其产品部件质量稳定的特点，必须以预设的间接方向，进行巧妙展示，让消费者不但能清晰地体会到这一质量优势，还能借助该优势，形成可持续的竞争壁垒。咨询公司将这一突破方向，选择在产品的周边服务——产品的快递物流体验上。

那么，单一的物流和产品质量，怎么形成互相支撑的关系呢？咨询公司的策略也很巧妙：该企业出产的电吹风，在电机的质量上非常不错，持久性很强，而且符合六西格玛的质量标准，返修率极低。于是，可以将返修看作一个物流过程，即电吹风坏掉后返回维修点的物流过程。若该品牌电吹风质量过硬，那返修率就很低，相当于返修物流成本为零（极低）。

此时，若给消费者一个清晰、响亮的承诺——购买本品牌的电吹风，如出现质量问题，将由"专门的快递公司上门免费回收，免费返厂维修，修好后免费快递到家"，在返修物流过程中，付出的费用成本为零，给消费者一个完全放心的购买承诺，定能打动消费者。这一承诺也能充分满足"希望能安全退出"的消费保障心理，因为对于深不见底的无底洞，无人敢探试，但一个只深一两米的浅洞，大多数人都敢去探查一番。

照此对策，该企业在一定时期内，成功地与对手拉开了较长的优势距离，为后续的系统竞争优势打造，赢得了宝贵的筹备时间。所以，通过预设中的间接方向发力，规避直接方向造成的优势缺位或发力错位，可形成迂回制胜的效果。

为了有效做到预设的间接方向发力，需注意以下几点。

1. 沉住气，稳住心，因为有的企业管理者发现只要稍微"脱离"了直接目标，而采取迂回、间接方式，就会心浮气躁，容易受到他人的各种影响，而放弃对间接方向的设定。

2. 分辨清楚间接、迂回方向与目标的关系，从中发现方向与目标的关联因素，发现这些因素与目标之间的驱动逻辑，形成清晰的"方向——目标"路线图。

3. 对比选择间接方向和直接方向的效果，并了解推进间接方向的可控性和稳定性。

就以上三点来说，三国时期的曹操，就是按预设间接方向，来解决问题的高手，在一些地方传略中，还有其当年巧施策略，实现"放一城，降多城"

的精彩战例。传说曹操在征讨袁绍、统一北方时，需要征服不少小型城池，然城池虽小，但这些城池亦是袁绍苦心经营多年，才建成的要塞网络。战事初起之时，曹军费了九牛二虎之力，也才夺下几个城池来，而且袁绍在北方冀州的经营，盘根错节，恩威胶固，各城池中愿降曹者很少。

若按照直接方向来解决问题，曹操要派大军攻城硬怼，其牺牲将非常巨大，属于下下策。于是，曹操听取谋士荀彧的建议，采取了"放一城，降多城"的间接解决方向。

曹操采取计谋，先组织当地已投降于曹军的老百姓，形成声势浩大的招降人群，以昭显从曹丞相"恩释"城池中活下来的老百姓，被曹军"押送"到每座未攻下的城池前，大声呼喊"丞相仁义，只要出城，即可活命"。

同时，曹操将每天抓获的，实属应该砍头的大群流兵盗贼等（东汉末年，战乱兵祸横行，流兵盗匪四起，但曹操辖下的法度严明，凡作乱者，抓即严惩），穿上袁绍军的衣物，冒充未投降的袁军，被押送在喊话的大队伍旁。

每到一城池，除了百姓进行招降喊话之外，曹军亦会向城池中高声宣布"只要降曹，皆可活命，不降当诛"，但凡有不降之城，则当着城中守军和众人，一边砍下"未降之袁军"（流兵盗贼）的头，一边故意当场"恩释"百姓，还给百姓发放"返家"之钱粮，令各城守军抵抗意志全消。

曹操按照荀彧的计策，反复对每个城池应循施计，果然瓦解了一大批原先还有一点抵抗意志的城池。在解决问题时，采用预设的间接方向，打了袁绍一个措手不及。传说此计还为曹操在官渡之战的决定性胜利，奠定了坚实的基础。

面对不易攻下的诸多城池，曹操沉着应战，清楚地分辨直接攻城与期望目标的差距，转而采取诱骗劝降这种间接方向，同时，了解到"求生"这一人类本性与劝降之间的驱动关系，又采用了给条出路、百姓演戏、砍杀盗匪、当场释放、给予钱粮等，在当时险恶战乱环境下，最令人心动，且极为可控的手段,达到了立竿见影的效果。

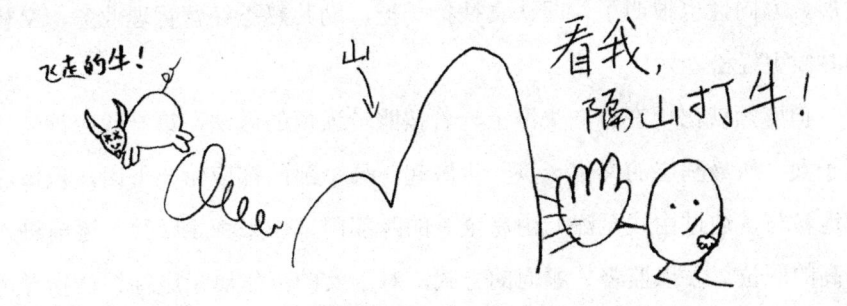

与小说中的"隔山打牛"很像啊

(四)方向失准

自然界中的小熊为抓捕湖里的大马哈鱼,把爪子弄伤,就是明显的方向失准。在堪察加半岛,每年的相应季节,大马哈鱼都要洄游至繁殖地,正是当地灰熊大饱口福的时候,不少母熊也会带着小熊前来。小熊看着母熊站在半腰深的湖水中,一爪子下去,就抓住一条大鱼,也会跟着学。但由于没有抓鱼的经验,再加上水对光线的折射,经常一爪下去,不是扑个空,就是抓到水底石头上,有时用力过猛,还会把爪子弄出血。所以堪察加半岛有句民间谚语叫作"小爪不流血,不知鲜鱼美"。

大马哈鱼就在眼前,但因光线折射,就是抓不着,还因用力过猛,把爪子弄伤,这就是典型的解决问题时方向失准。目标清晰,但受外界因素的干扰,再加之协调失当,不但无法解决问题,还让自身受损,这类情况在现实中还真不少。

某大型民营企业,第一代管理者因年事已高想退休,打算让海归不久的子女当接班人,并准备好好扶持一把,助其更快熟悉企业情况,稳当地交出接力棒。

解决问题的目标很清晰,让子女更好、更稳、更快地成为企业最高管理者，让自己安心地退居二线，也让企业在子女接班后，能稳健、顺利地发展。方向性也很明了，即认真扶持一把，助其熟悉经营管理业务，交棒的时候更轻松。

但麻烦就出现在方向失准上，若按照较谨慎的做法，第一代应该先让其子女，从最基层的岗位一步一步做起，每个部门都应轮一下岗，积极深度地参与，通过由浅至深、由易至难的跨部门工作来积累经验，逐渐进入更高的职位，并以监督、顾问的方式，对子女的工作质量进行评估指导，助其提升管理水平或修正错误，步步为营，成为企业高管。

但第一代管理者过于急功近利，其基本思路是：面对企业内部诸多心思活泛的"老臣"，让第二代"一步到位"，可避免内部生乱，同时，既然第二代是海归，何不邀请国际咨询团队，让老外来当子女的身边顾问？如此，与顾问的交流应更顺畅，思维方式也更统一，而且国际团队，应该比国内经理人（特别是公司内部经理人）更专业，有利于子女顺利接班。

可是结果却与其想法南辕北辙：国际咨询业者也良莠不齐，虽来自实力咨询机构，但具体人员在人品和专业上，却所托非人。国际顾问在与其子女接触中，发现其年轻缺乏经验，于是扶持就变为虚情假意，夹带了不少私货。例如，以娓娓动听的市场前景，诱导第二代介入不熟悉的互联网小贷；利用信息不对称，夸大财务杠杆的作用，诱导第二代在资本市场上"短融长投"，介入很复杂的房地产市场投资等。而原企业的某些"老臣"也看出了端倪，借机与部分老外私下勾结，以图共同中饱私囊，特别在一些重大项目上，配合着出一些烂主意。

最后，企业不但没有顺利地实现权力交接，还因这些洋顾问造成的麻烦，差点濒临破产，逼着第一代重新上岗收拾乱局。

看来，要应付这个方向失准，还需做好三个方面的准备。

1. 目标即已清晰，更需要在选择方向时，了解影响方向设定的相关信息的虚实、真伪，例如那位第一代，就需要认真思考"那帮老外真的是在为企业着想吗？"

2. 克服急功近利的心理，万事皆急，但事缓则圆，往往急进、急躁会让人失去判断力，特别是让人收窄信息的收集范畴、渠道，并粗浅地作出过于主观的决定。

3. 以谨慎稳健为常态，学会万事提前筹谋，在不断的尝试中，选择更适合于自身情况的问题解决方向，以及合理的决策方式，而非临事求决、随性逐流。

也有一些企业在这方面做得很不错，重庆某火锅餐饮集团在其品牌战略策划上，主动积极地规避方向失准，采用情景规划创新方法，有效应对2020年初的新冠疫情，并在疫情缓解后，形成了极其良好的复工复产势头，在连锁经营扩张上，打了个漂亮的翻身仗。

该企业是重庆火锅产业中的后起之秀，管理者虽年轻，但很重视企业发展的可持续性，特别是对于餐饮品牌文化非常重视。其企业品牌理念和形象，源自其创业于街头火锅店时的实在、本分经营，以当地特有的"实在"文化为核心元素，贯彻实在做人、实在经营、实在菜品、实在服务、实在价格等诚实经营思想。

随着企业做大，不断拓展连锁加盟，对品牌发展也提出了更高要求，也邀请了专业策划机构，为其策划了全套品牌发展战略及方案，具有一定的建设性，并为该企业品牌往高端市场拓展，提供了规划路径。

但企业创始人做事稳重谨慎，始终认为那套战略不太完备，但又说不出具体瑕疵，于是在两年前，企业品牌发展战略形成时，就邀请笔者为其参谋。笔者发现该战略在推动品牌建设上，具有较强的正向性，以品牌内涵、品牌形象、品牌元素、品牌愿景、品牌行动、品牌推广等内容的正面搭建为主，就像建房屋的过程，只有单纯的正向性建设，缺乏负向性倒退方面的谋划筹备思路，若品牌发展前景遭遇困顿时，要如何应对，在战略中却没有指出来。

而且那套战略的主导方向，是以拓展高端市场为主，要把未来大量的连锁门店，都拓展进那些高端商业综合体，让店面形象、菜品特色、服务定位、价格等，都服膺于高端方向，要求企业的品牌形象，皆要体现出"高大上、富豪雄"等调性，如店面装修、餐点内容、菜品定价等，一定体现"金碧辉煌、富贵逼人"的高端享受感。这么一来，该战略对品牌发展前景的定义，过于刚性化，完全缺乏调整余地。

于是，笔者根据情景规划方法，为其品牌战略进行了调整，即通过对风险概率进行预测、发现的咨询工具，按照不同的风险导致因素，如地区经济、国际经济、天气地理、健康疫病等风险条件，为该企业的未来发展，设定出不同风险状态下的情景（前景），并根据不同的情景，规划出品牌发展的不同方向和路径，以提前筹备应对的手段。

例如，在调整后的战略中，笔者指出该企业品牌的定位，应该回归"实在"这一文化本源，不宜拔得过高，也不宜谦虚过低，保持中庸状态，无论在任何经营场所，无论面对哪一类的消费群体，都应以"实在"态度和精神，提供高性价比，不能独推大众餐饮的过度高端化，而需要形成一种"高端，能豪华殿堂；亲民，能街头小店"，进可攻（进取中高端市场）、退可守（以创业形态进行扩张）的战略张力和活力，在哪里都能吃得开。

该调整一出，在该企业遭到除创始人之外的所有高管一致反对，皆说笔者"想多了"，明明啥风险都没发生，凭什么要求本已高昂的品牌态势，还继续保持"蛰伏"准备？但创始人非常淡定，坚持说服了众人，说这才是"本心"，既要不张扬，又能行稳致远。

果不其然，2020年新冠疫情出现，打了全国餐饮业一个惊惶失措，首先受到影响的就是那些大型商业中的餐饮门店，而此时，该企业正按照笔者在风险情景规划中，提出的筹备原则和手段，对其开设的各类商业门店，及时关停止损，然后人性化地给予停岗员工以工资补贴，也欢迎他们复工后，再继续回企业，稳定了培养多年的人力资源基础，并同步启动主动寻找位置良好的街头门店，提前预约和布局租赁关系，以占领后续复工后的先机。在数月后的复工复产之初，其之前关停止损的各商业门店，又在各个位置良好的街头集中开业。同时，也因其品牌形象早已由之前的"高大上"，回归为中间路线的"实在"文化感，所形成的"上得厅堂，下得厨房"的全民亲和力，成为获取复工后当地火锅消费超量客流的最大赢家之一，并借助该轮消费带来的市场影响力，于2020年下半年成功拓展更多的街头连锁店。

拥有稳健之心、清醒认知现状，以及提前筹谋，正是避免方向失准的有效之策。

跑到北极找骆驼？朋友，你的方向失准了

（五）制造条件下的机动方向

现实中充满各种互相干扰、影响的因素，在很多时候，若明显表露出解决问题的方向，往往会被对手提前了解套路，反倒无法解决问题。但在自然界，亦有高手级应对手段。

黑鹭是一种聪明的尖喙飞禽，它站在水中捕鱼的方法很独特，绝不会直来直去地用其尖嘴抓鱼，因为知道所捕的小鱼非常灵活，所以它采取了一种制造条件（屏蔽外部信息），麻痹鱼类警觉性的方法。它站在水中时，只要发现有鱼在其脚下，就会将翅膀张开，合抱成一把伞状，先遮住水面上的光线，屏蔽掉水中光线变化给鱼带来的视觉敏感性，让鱼的视觉反应变得略为迟钝时，再迅速下口，往往能一举成功。

对解决问题的方向不进行预设，而是先制造一个"屏蔽外部信息"条件下的环境，然后于该环境下，根据客观情况，机动灵活地设定解决问题的方向，这也是一种水平较高的智慧，要在现实中要做到，往往也具有一定挑战性。

例如，在日本战国时代末期，德川家康即将统一日本，建立德川幕府之前，德川氏与前日本统治者丰臣氏的部属，争夺日本统一权即将开战，日本的地方实力大名真田家族，为解决在德川、丰臣双方激烈的军事争斗中，如何保存其家族延续这一问题，所采用的计策，就是这种制造条件下的机动方向设置。

真田氏的族长叫作真田昌幸，其下有二子真田信之和真田幸村，昌幸是德川氏的死敌——大名军阀武田信玄的下属，并与德川多次激斗，与德川长期不睦，不愿加入德川一派。但其家族甚大，男女老少一族人数众多，在面对德川和丰臣部属的两者势力相当、双方胜负难料时，真田昌幸设计的"兄弟决裂"之策，制造了一个敌对双方都愿保留真田家族的条件。

真田昌幸制造了其长子真田信之，意欲毒杀其次子真田幸村，独霸家族产业的"弑弟事件"，将真田信之"驱逐出真田家族"，并将其族长（家督）之位，传于次子真田幸村。长子信之在"走投无路"的情况下，"投靠"

德川势力，而真田昌幸和次子幸村，则"投靠"丰臣势力。真田昌幸与两个儿子私下约定，德川或丰臣势力，只要有一派最终胜出，跟随胜出者的那个儿子，则接纳整个真田家族的人员，以避免全族被诛的命运。

同时，真田昌幸为了加强德川和丰臣双方，对自己（和次子）与其长子一派已形成极端对立、水火不容之势的印象，还与两个儿子密谋，一起制造了"次子报复长子，派人刺杀长子，长子险些致命""长子派出间谍，在丰臣势力范围内，大规模制造假币，扰乱丰臣属地的经济""在长子被逐出家族后，其次子强行霸占长子妾氏"等事件，让德川和丰臣两派，均深信真田家族已分裂为两边，各自均死心塌地地投靠己方、忠心于己方，不再生疑。

其后，在日本"关原之战"中，德川胜出，投靠德川一派的长子真田信之，则接纳了整个真田家族，借德川势力保住了其家族的延续，实现了在方向上的机动化选择。

由此可见，要在解决问题中，实现制造条件下的方向设定，需注意三个方面。

1. 制造条件要根据内、外部的综合情况来进行谋划，制造条件前，要形成一定明朗清晰的氛围，为后续制造条件，提供充足的准备。

2. 为加强条件形成、引导的形势感，需对制造出的条件进行升级，保持形势的稳定性。

3. 制造条件，包括屏蔽、创造等手段，根据条件形成、引导的形势，再对解决问题的方向，进行机动灵活的设置，但需保持以解决问题为不变的目标。

在制造的条件下，机动地设置问题解决的方向，往往应用于规模或范围较大的项目、事务和场景中，因为这类项目、事务和场景，涉及对外对内的影响因素较多，或影响因素较重要，制造条件形成相应有利的态势后，

简约策划 | JIANYUECEHUA

再机动地选择方向，则更为有利。而对规模或范围较小的项目、事务，反倒用得不多。

例如，东南亚某国的某大型鞋业集团在近年来，面对其培育市场及转移市场的问题时，就采用了创造条件下，机动设定问题解决方向的做法，因为其市场经营涉及的范围和规模很大，且此间各种主要影响因素都比较重要。

该鞋业集团是一家成立于20世纪的老牌企业，在东南亚、日韩，都有一定的市场份额和影响力，原来主营的鞋类，以男士皮鞋为主，20世纪七八十年代，趁着当时亚洲四小龙经济崛起，在经营上也突飞猛进，成为东南亚地区首屈一指的知名鞋业品牌。

但后来随着中国改革开放，中国香港地区的鞋业，借助内地的人力、土地等成本比较优势，在东南亚市场后来居上，于男士皮鞋的市场竞争中，令该集团颇感压力。同时又发现除了男士皮鞋之外，在其他鞋类市场上，中国香港的鞋业还未实现突破，而来自欧美的国际鞋业，也是将注意力集中在男士鞋类产品上，没有腾出更多精力更广泛地应用于其他鞋类，整体化开发东南亚市场。所以，该集团认为不能只将眼光集中于男性皮鞋产品，而应通过对其他鞋类产品的综合开发，形成整体性的鞋类市场大盘优势。

该鞋业集团在实施整体性鞋类大盘优势策略的时候，却没有按照常规的方向开展，而是采取了创造条件下的机动方向。即在其推出适合男女老少的各鞋类产品时，并没有采取之前那种，在所有的产品和包装上都打出该集团品牌的做法，而是"化整为零"，为推出的每款新鞋类产品，赋予一个全新的品牌和形象包装，让市场误认为"其市场份额正在大幅缩减，各新兴的鞋类企业正在蓬勃发展，整个市场正在步入完全竞争市场状态"。

这样一来，让其他鞋企的竞争对手定位出现了误判，很快就减小了那些风头正劲的鞋企对该集团的群体竞争火力，让该集团获得了更宽松的市

第五章 | 简约策划的五个逻辑

场空间。

同时，还形成了一套多品牌应用的市场保险体系：因为鞋服市场的产品开发风险较大（经常发现新款产品在入市销售后，与当时的潮流脱节而滞销），所以，每家企业开发新款鞋服时，往往都捏着一把汗。但经其操盘，让一个商场的鞋类销售区，看似好像有数十家企业的鞋类品牌在同时销售，产品琳琅满目、促销精彩纷呈，但背后都是该集团一家在操控。若其中的某几款新品出现滞销问题，影响最多的，不过是那几款产品及其"品牌"，与该集团的整体市场形象"豪无关系"，大不了把滞销产品撤柜即可。这样一来，既能不断推出各款新产品，又能从产品层面，持续保护集团品牌的良好市场形象。

并且，这一解决问题方向的机动设置，还帮助该集团在面对资本市场时，实现了企业赢利模式的成功转换，让资本市场对其印象大为改观：之前该集团是以鞋业为主，在国际资本市场上，其主业被长期视作传统"夕阳产业"，导致来自资本市场的资金支持力不足，同时，其发展的行业历史轨迹，也不利于其准备进入新兴行业时的融资、用资需求。但采用该设置之后，给资本市场形成了全新的印象：该企业优化资产结构，重新进行产业发展布局，正从"夕阳产业"中抽身退出，准备进入新兴产业发展。所以，获得了资本市场上众多投资方的极大关注，也有力地减缓了之前在融资、用资时面临的阻力，帮助企业将发展精力腾出来，逐步进入一些全新的产业领域。

通过这种创造条件的机动方向设置，该集团一方面营造出全新的竞争环境，为自己培育出一个相对稳定的市场运营空间，同时，也缓减了企业品牌的创新风险，还通过"放弃夕阳产业，逐步介入新兴产业"的战略伴动，吸引了亚洲资本市场的关注和支持，对该集团直至今日的成功形成较大帮助。

而国际上某美妆企业看到该集团的成功，也对其进行仿照，但仅学到了皮象，根本不管这一设置的背景和条件，形成的态势非常混乱。在过度推进密集化多产品、多品牌运作，推出一帮新美妆品牌的同时，却又没给原企业母品牌的发展，作出有序规划，造成新品牌与母品牌的互搏乱象。同时，又未对其制造的态势进行管控，让同业很快知晓其内幕，失去了这一设定的战术和战略意义。最终导致企业目标混淆，在销售未拉动、投资未带来的情况下，又迅速大上产业多元化，弄成了"四不像"，导致企业经营出现严重挫折。

梳繁理绪，总结应对问题的方向，主要集中在迷惑于方向、预设中的直接方向、预设中的间接方向、方向失准、制造条件下的机动方向等五个状态，或有效把握设定（预设中的直接方向、间接方向，及制造条件的机动方向），或有力突破迷障（突破迷惑于方向和方向失准这两种状态），对于最终解决问题，将起到事半功倍的作用。

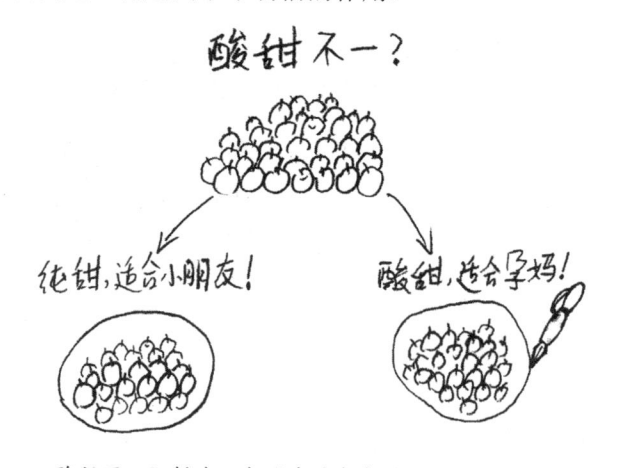

酸甜不一？制造一个"味道专享型胃口"的条件吧

四、简约策划逻辑三：寻资源、找条件

在发现"真问题"，分析设定或突破其解决方向（想方向）之后，思

考、寻找解决应对问题所用的资源（寻资源或找条件），就成为简约策划"基础逻辑"步骤中的第三步。

何为思考、寻找应对问题所用的资源？举个简单的例子，你没带钥匙，但不小心把门关上了，此时有几种方法应对"门被关，无钥匙"的情况：第一，用脚把门踹开，此时的资源（条件），就是你要有力气、把门踹开的力道；第二，从隔壁邻居家翻窗进入，此时的资源（条件），就是你不但要有攀爬的力气，还要有灵活的身手，以及不恐高的心理、承担坠落的风险；第三，找专业开锁匠，此时的资源（条件），就是你要有开锁匠的联系电话，要有开锁的钱，当然，还需在开锁后出具身份证（正规开锁匠的必须）。这就是解决问题的应对资源。

有人说，要寻找资源嘛，就像吃饭时要用到筷子这一吃饭的餐具，对于这双筷子，无非先看看在不在手边，大不了再跑到厨房寻一圈。若换成企业，寻找资源，也就是从企业内部、邻近、外部环境中，大至行业内外、地区内外、国家内外范围来寻找，也可从技术上、产业上、政策上、文化上、人才上、法规上……进行寻找。说得非常对，资源条件就是要从这些方面来进行寻找、开发和整合。

但资源并不像筷子，可以很明显地放在桌上，而是具有一定的寻找难度、抗性，往往让一些具备问题解决优势、有助于找到问题解决方向的资源，近在眼前，却视而不见。

这一难度特性，叫作事物的共轭性，即事物本身存在着影响人类认知的四对共轭特性，即对事物的虚实、软硬、潜显、正负等认知性（人类眼中的印象特征），发现这些特征，发挥其长处，转换其短处，能独立解决问题的资源条件，进行充分的寻找开发、整合利用。

（一）虚、实相映

就像中国的太极图，一阴一阳，一虚一实，任何事物的外在和内涵，皆是由虚实两个部分构成的，解决问题所依托的资源条件，也体现为虚实相合的事物、事务。

虚者，不存在实体感的，或存在于人类的精神、思想世界中，无法体验其实体，但能对现实世界产生影响、作用的概念；实者，现实中存在实体感，可由人类的五觉、五蕴来体验其实体，对人类精神思想和现实世界，都将产生影响、作用的存在物。

能应对问题的资源，绝不会像天上掉馅饼，不认真去思索和寻找，还真发现不了。在虚实之间，人们往往能轻易看到远处的"实"，而对于明明存在于眼前的"虚"，以及怎么应用虚与实，毫无感知。

例如，笔者认识的一家在数年前还默默无闻的西南某区县文旅企业，因其管理者正是认识到了虚实资源的借用之法，在短短数年间，就让企业成为当地的省域级知名品牌，为企业在西南各省的项目拓展和开发上，获取了较大的品牌资产优势。

该文旅企业之前仅是当地一家开发县域文旅名胜、文旅地产的中小型投资企业，随着近年来西南地区文旅行业的较快发展，该企业也准备抓住时机，大举进军开发周边区县、省市的文旅项目。但因该企业创办的时间不长，投资和代管的项目不多，且主要集中在部分区县，所以，在近年来几乎无跨出县域的品牌形象可言，而这就与其战略规划产生了矛盾。

由此可见，其中需解决的真问题，就是提升企业的品牌形象，特别是品牌知名度。而解决的方向，需按预设的直接方向（将提升知名度作为直接发力方向）。因为在文旅市场上，若企业的品牌很弱势，则很有可能对投资和运营的项目产生负面作用，更不会吸引行业及资本市场的关注，很难吸引携资合作者或政府专项资金的支持。若企业形象得到有力的突破，则将迅速改善企业合资、融资等借资扩张的运作生态。

要打响该企业在行业中的知名度，按常规做法，就是砸大钱来做形象、宣传品牌，但要让一个区县级企业的形象，在几年内迅速扩大知名度，则成本很高，所以该企业决定通过借助资源的手段，以较低的成本来打响行业知名度。该负责人先从企业内部寻找，又在当地寻找了一圈，然后又把相关的技术、政策、文化、法规等可能存在资源的范围，都寻了一圈，最后认为可借用的资源，还需在行业中去发现和寻找。

该企业负责人认为，自己企业缺乏有力的品牌形象基础，即使花大钱，也很难实现"一夜筑城"，难以迅速提升知名度。因此，不能自设心理障碍，需应势而变，预先调整提升品牌的思路，不可固守传统思维。品牌形象、知名度属于虚有之物，并非实体，既是虚有，此类资源就不可能被某家或某几家企业绝对独占，而本企业很难对知名度"无中生有"，向其他知名企业"借用"其企业无法绝对独占的知名度，是可行的。但不能亲自借，应依托合理合法的手段、渠道来"借"。

第一步，"花小钱，傍大腕"。该企业找到国内对文旅行业及资本市场影响较大的互联信息渠道、平台，开出适度的合作价格，合作内容为凡相关渠道、平台上出现涉及文旅行业、企业、项目一类的正面信息，其中所出现的知名文旅企业、项目等信息旁边，一定要千方百计地发布出这个区县级企业的名称或其项目名称，例如排比式发布（例句：在近年来民宿集群市场上，知名文旅企业A、知名文旅企业B、知名文旅企业C、该企业名称……），又例如类比式发布（例句：相比甲省D项目，在文化创意上，乙省E项目更突出……风格，而某省该企业的F项目，则与E项目颇有异曲同工之处）。通过这种方式，该企业傍借其他知名企业、项目的品牌，很快在市场上建立了一定知名度，也让很多业界和媒体中人，都对该企业产生了兴趣。

第二步，"上论坛，聊大腕"。该企业盯准相关知名文旅大企的步调，积极参与国内的行业论坛、会议，利用一切机会，争取与知名企业同台共聊共论，特别是在一些展示性宣讲会上，更是借助大学院校、研究机构的力量，整理形成相应的行业或项目研究报告、资料为其所用，并尽最大可能，与知名企业的管理者、学术专家，同台宣讲相关的研究成果，在外界面前，全力"拉近"与知名企业在市场认知、项目研究、发展理念等方面的"距离"，给人造成一种该企业在综合运营水平上，也不输知名企业的印象。

第三步，"常拜访，请大腕"。其一顿操作猛如虎，迅速地为该企业积累起行业知名度，此时企业负责人认为，对"虚"类资源的应用目的已达到，该对"实"类资源直接上手了。"实"类资源是指相关的、知名的大中型文旅企业和知名文旅专家。

该企业的做法是，马上利用初步建立的一定行业形象，加入相应的权威行业协会类组织，借助协会在资源、信息上的联通促进作用，进一步搭建与知名企业、专家的关联性，然后积极邀请知名企业、学术专家等"大腕"，到该企业进行考察访问，并将企业、专家前来拜访的信息，进行统一发布，散布"超强高手与该企业共话事业、平等交流"的市场印象。然后，又反其道而行之，以学习交流的形式，对知名企业、专家，进行回访，持续强化前面的市场印象，借此提升该企业品牌在全国行业及市场的渗透力，花小钱，办大事。

第四步，"借政府，装大腕"。该企业认为，虽在市场上已拥有一定的品牌形象和知名度了，但仍是"虚"名，还需进一步利用其他"实"类资源，眼光转向企业当地和周边区域的实际资源，借助此前已抬升的市场形象及影响力，与当地和周边区域的实际资源形成合力。

该企业的做法是，利用其品牌知名度被当地及周边地区政府认知的情况下，主动联系相关政府部门，希望以该企业为推荐代表和渠道，免费义务向全国、全行业推荐当地和周边政府尽力招商的文旅开发项目（用地、环境等），吸引全国更多文旅开发企业的关注。当地及周边的相关招商管

第五章｜简约策划的五个逻辑

理部门一看，这种美事求之不得，于是也积极支持与该企业进行合作，拿出当地正大力招商的用地、环境等文旅类资源，借力该企业向全国进行招商推介。而对这些实际资源的"推介式"应用，又让该企业在文旅行业的资源交流平台上，大秀了一把。

第五步，"做整合，汇大腕"。该企业一方面把当地及周边（甚至省域级）的招商资源，进行充分整合，推向行业市场及资本市场，同时，又将其交往的业内大型企业、投资巨头等资本来源类实物资源，整合融入进自己的合作储备体系中，形成了汇集文旅招商资源、实力企业资源、专家资源、投资者资源、政府关系资源的文旅投拓开发闭环产业链，并在该产业链中，成为具有一定引导作用的网红式主角。

通过上述虚实相应、虚实并用的资源、条件寻找及应用，该企业在短短数年间，就实现了品牌形象、投资吸引力，由区县级水平向全国级水平的迅速转化，不但达到了拓展其投资战略的目标（目前该企业已获投资的大中型文旅项目有九个），还作为行业中炙热可手的产业链资源合作引导者，成为激活当地文旅引资、推动乡村振兴的示范企业。

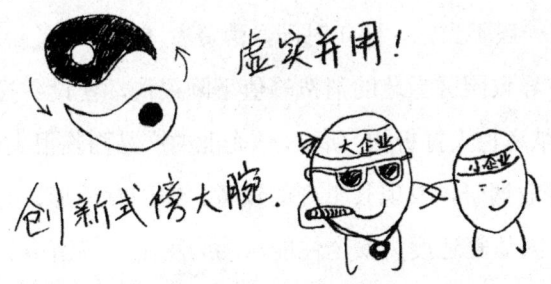

看一看太极是怎么进行虚实转化的

（二）软、硬互撑

这里的软硬，更多是指事物、事务的软件和硬件基础，以企业状况来说，硬件多指办公楼宇、机器设备等资源条件，软件则多指企业技术、知识储备、人才资源等条件，只有硬软互撑合一，才能推动企业的发展。

软件者，多指不具备实体、硬件形态的，引导事物、事务内部运行逻辑的力量；而硬件，多指承载软件，实施其指导逻辑的行动支持物和实体。二者大数情况下，皆可由人类五感、五蕴触知、触达。并且，对此两类资源，各行业在解决问题时，均有所应用，主要是采用各种手段，达到软、硬件互相支撑印证的效果。

例如，来自广东的某游乐设备制造企业，其主力产品为主题游乐园、公园中的大中型游乐设施、设备，随着企业在产品研发、市场运营方面的进步，其产品的主题外观和游乐功能设计，由最开始紧随市场主流的仿照，发展为能推出拥有自主知识产权IP的系列主打产品，受到国内游乐园、公园会所、商业中心等游乐场所的青睐。

但在近几年来，因受到国际竞争对手，特别是美国、日本、加拿大等全球一线游乐设备企业的挑战，该企业面临着较大竞争压力，从产品使用情况来看，游乐园区方认为国内企业生产的设备，在产品游乐的新颖体验延续性上，时间较短，不如西方产品的新颖延续性长，当国产的全套新游乐设备买入后，一般不到三、四年时间，消费者就会对设备新颖性的体验，产生审美疲劳，导致园区当地的消费峰值下降很快，使设备投资回收期继续延长，收益贡献率也大打折扣。所以，该企业的产品面临很大的销售抗性。

但经过该企业调研，发现其生产的设备，在创意外形、游乐体验感、刺激动作设定、人体舒适度、安全性能、动力稳定性等诸多竞争力上，虽与西方的一线产品，在标准上比较接近，但确有一定差距。特别是"消除身体位移感官震荡、探险心理反馈激活阈、分时型神经愉悦过程"等核心游乐功能，因未突破相应的关键核心技术，所以在部分主力产品上，要显逊色一些。例如，某款垂直高旋度过山车，在同样的高度和空间上，某国同款过山车，能在增加曲旋率10%以上的情况下，仍能通过科学严谨的滑道角度和惯性设计,保证消费者的心脏及脑血管压力,在与未增加曲旋条件时保持接近,既增强了游乐刺激体验,又有序控制住了增加曲旋率对身体的影响。

但在短期内,要突破这类卡脖子型技术,比较困难,而市场销售的压力又无法在短期内消除,那么解决问题的方向,很容易变成方向失准。经过该企业管理层的慎重考虑,发现他们可将问题的解决方向,预设为间接方向——既然在一时之间解决不了相关技术问题,那么,就先解决来自需求侧的"新颖体验延续性缩短"这一问题。

方向对了,那依托什么资源来解决问题呢?为此该企业煞费苦心,广泛发动所有力量来思考和寻找解决资源,并就此广泛举办有奖征集建议活动。功夫不负有心人,来自某手机企业程序员的建议,启发了资源创新思维。建议内容为:可将该企业生产的游乐设备,看作手机硬件,而将游乐设备的玩法、体验方式,看作手机软件,只要手机硬件质量过关,手机中软件尚可升级,游乐设备的玩游和体验方式,同样可实现"软件升级"。此建议令该企业管理层的思路豁然开朗,不久后,关于其游乐设备在硬、软件上同步"升级",有效延长游乐新颖体验性的措施,正式出台。

首先,组织研发和生产团队,加强设备的产品质量,特别是保障作为设备主动力源的电动机、发动机等核心部件的功率输出稳定,保持低耗损率和低维修率,同时,加强设备在空间作动部分的连接臂链、万向节等动作部件的安全稳定性,强化设备质量基础,不让质量问题影响"升级大计"。

其次,将游乐设备中,能激活消费体验刺激感的矢量活动烈度、活动轨距、动态变化性(活动性)等重要因素,根据设备核心部件的物理动能,以及人体生理压力极限,设置为多个刺激档次,在游乐设备经营初期,按最低的刺激档运行,然后,每年或每半年,升高一档,将设备的新颖体验感、刺激感,持续升级或放大,让消费者产生一种"隔一段时间再来游玩时,游乐设备给人的刺激和新鲜感，不但没下降，反而更有感觉"的体验"误判"。

若按一年或半年升级一档的时间看，设备从最低档升级到最高档，最少要用五六年左右，可有效延长设备的新颖体验性。例如该企业的某型海盗船产品，左右晃动的强度可设定为六个刺激档，每升级一个刺激档，其摇晃的高度就会增加数米，形成的游乐刺激性不断迭代升级，每次乘坐皆有新颖、新鲜体验。在采用安全保险座椅，并升级至最高档之后，该海盗船可超越原有的波浪抛物线晃动，实现360度圆环运动。体验不断升级，每次消费皆有新意。

最后，除了对质量和新颖刺激升级，该企业还与国内某动画大厂合作，接连推出拥有自主IP产权的动漫主题及符号，并向游乐园区方承诺，在出售或出租设备后，每隔一两年，就对游乐设备的创意外形，进行IP形象的全面升级，令消费者在视觉上，能不断感受全新的创意化、动漫化IP的冲击，从视觉到心理，感觉新颖不断、体验升级的新玩法。

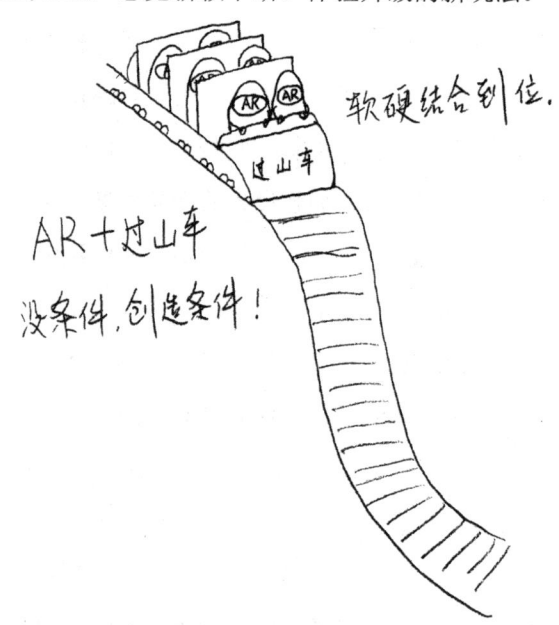

软硬结合，软件先升级，硬件后发展

同时，该公司还利用新兴的互联网体验科技，借助全球行业资源，找到全球最具模拟仿真性的 AR 和 VR 设备（虚拟现实和增强现实技术），与游乐的 IP 主题和体验内容进行融合，优化浸入式场景体验，在竞争中反客为主，打造出在亚洲地区领先的"科技沉浸+"系列设备，再次强化游乐设备的新颖体验感。并且，AR、VR 中的游乐软件还可持续地不断升级，为消费者提供更加丰富的现实增强刺激感。例如，在前述海盗船上应用了眼镜式 AR 技术，消费者不但能体验持续升级的高度刺激，还可在视觉上体验 AR 技术带来的巨浪、海怪等更加丰富的增强现实感，令游乐更加有趣，引发一些全球设备厂商专程前来学习，借助软、硬资源互相支撑，所达成的效果，不输于国际顶尖企业的同类产品。

（三）潜、显同力

世间万物、事态的潜、显性，主要指基于客观和主观世界的认知标准、信息对称、理解水平、观察角度等方面的不同，所形成的关于对事物、事务特征的清晰性、内涵性的识别状态，对于不易识别的某项特征，可以称之为潜性，易于识别者，可称之为显性。

潜性与显性，往往于同一范畴内共存，但因显性特征易于识别，让多数人更易发现，而忽略其潜隐特征，导致抓显放潜，或因显失潜，或顾显略潜，不但错失解决问题之资源，还有可能成为世间风闻的笑谈。

例如，在日本语言表演艺术"落语"的经典节目中，就有这么一段经典的商业策划故事，不但听来幽默搞笑，还对一些人在面对资源的潜、显特性时，因抓显放潜或因显失潜，所导致的认知失误，进行了细致的描述。

落语是起源于古代日本安土桃山时代的表演艺术，与中国的单口相声极为相似，其中的经典故事《借碗卖猫》，是落语艺人总结自日本大阪地方传记（也有一说，指此意源中国的古代笑话），描写精明的大阪商人，如何巧妙算计贪财之辈的故事。

简约策划 | JIANYUECEHUA

　　话说日本江户时代，日本政局承平日久，社会上也兴起一股追求古物、文玩等"名物"藏品的风潮，不少投机商人为此成为专门的古玩商贩，游走于日本各地，整日以淘换古玩、赚取差价为目标，如苍蝇一样到处追逐、鉴定所谓高价"名物"，且手段较下作，只要是发现某地有所谓名物的踪迹，则施展各种说服手段，特别是用各种花言巧语来蒙骗物主，大开家门、仓库，然后略施口才小计，将值价物品以极低价格购入后，再到当时最繁华的江户城，吹嘘炒作，用特高的价格售出，从中获取价差暴利。

　　这种商贩在当时很令人讨厌（有日本江户时代兴起儒学思想、鄙视暴利商家之背景），而在日本大阪正好有一位开着旅店，平时喜欢养猫、卖猫的店家，正愁他家猫咪卖不出好价格，而这类古玩商贩在各地乱窜，正好给了他一个解决猫咪售价不高之问题的机会。于是，瞅准了这帮人，玩了一把借助资源之潜、显性，在贪财之辈身上，赚取了较丰厚的利润。此中情节是这样的：

　　某天，一位来自京都的客人路过这家旅店，进店打尖茶歇，但这位客人不像别的茶歇客一样自顾自地喝茶歇脚，而在进店以后，以各种理由找店家闲聊，似在打探当地的人情风物、地方特产，特别是对当地是否有"名物"的信息，很感兴趣。

　　对此，店家也较热情，与客人殷勤地闲聊搭话，天南地北、东拉西扯，一边聊着当地可能有啥"名物"、当地望族当主的家督历史，一边把店里的一只小猫抱过来，放在离客人不远的角落，用一个碗盛了点猫食，在与客人搭话的同时，逗弄猫咪喂食。

　　客人一边与店家聊天，一边看着店家喂猫，但聊着聊着，他的眼光就集中到店家喂猫的那个猫碗上。经仔细端详，客人内心一惊，他发现这个猫碗，竟是某个朝代的古董碗，心中独白道："哈，看来店家真是个不识货的蠢东西，竟拿如此名贵的古董，装了一坨脏兮兮的东西来喂猫！既然不识货，不如让我从中发点财。想个啥办法，把这个名物套弄到手？……啊，有招了，就这么办！"

于是，客人捧着茶杯，走近逗喂猫咪的店家，一边走，一边故意惊喜地说："这不是某个谱代大名喜欢的某名猫品种吗？这种猫挺可爱，也温顺讨喜，啊，我家夫人最喜欢这种猫了！"店家也开心地应答："说对了，就是这种猫，某天在野外见到这个小可怜，就收养在店里了。"于是，两人就猫咪的情况热聊开来，聊着聊着，"哎呀"，客人突然一拍大腿："这段时间在外跑生意，从东到西走了一圈，这眼看马上就要回家了，但手里边给夫人的礼物都没买……额，店老板，你看这样好不好，这猫挺可爱的，反正你也只是收养，能不能给个价格，让我买下给夫人当礼物？"

店家一听，连忙说："不行不行，这猫本来我就挺喜欢，再说已经养这么大了，真是舍不得呢……"，说了半天，就是"挺喜欢、不愿卖"，双方就在那里掰扯了半天。最后，客人一皱眉，一咬牙，又把大腿一拍，说道："既然店老板喜欢这只猫，我也理解这份心情。这样吧，反正小生这里也不太缺钱，这只猫我以三两银钱的高价买了！你也想想，现在一只名种猫才卖一两银钱，我出三倍的价格，总可以割爱了吧！"

店家听后，迟缓了一番，眼球咕噜一转，说："这、这……也行吧，既然贵夫人这么喜欢，那就只有卖给您了。"听闻此言，客人当即拿出三两银钱交给店家，开心地抱起了小猫。但客人紧接着又给店家来了这么一句："猫虽然买了，但听说猫儿吃东西有个习惯，只会吃它习惯了的猫碗，我怕回去后猫咪认生，不吃其他碗里的东西，那么，我就把这里的猫碗，一块拿走了哈，反正三两银钱也够多了。"于是，准备把那个猫碗也端走。

然而店家看到后，却制止客人道："哪里哪里，客人您说错了，猫咪是猫咪的价钱，猫碗是猫碗的价钱，那碗本身就是名贵的古董，外边花一千两都买不到的！猫可以卖给您，但这个碗，低于一千两，不，现在是低于一千六百两,我是不卖的!"客人听后大惊:"啊!你明知这是一个古董,为何还拿来喂猫?"

但店家在后面的回答,却令客人满脸通红,店家说:"正是若此,猫咪有价!谢谢您的三两银钱。"据说,该店家通过此法,令不少的贪财之人愿者上钩。

从此例可见,该店家正是借助古董猫碗的本质属于"名物",但此"名物"的特质,又属于普通人很难发觉的潜隐类资源,才能将古玩商引入局中。而商贩对猫碗的潜性本质,虽能轻易发觉,但为将猫碗蒙骗到手,采用花言巧语,想利用高价购买猫咪(猫咪属于显性),企图将店家的注意力,吸引于猫咪(猫咪交易)这个显性之上,进而让店家忽略古董猫碗的潜性特质。但店家正是利用了商贩的贪婪品性,顺水推舟施计策,轻松地解决了原来猫咪售价不高的问题,还顺带在贪财之辈处赚了一笔。

谁是显性、谁是潜性,必须看眼力见儿

(四)正、负可逆

世界任何事物、事务的特性,皆有正与负的一面,各类解决问题的资源条件亦是若此,不但正、负共存,还能实现互相的转化,在转化中推动事物的变化和发展。正面特性，将对事物、事务发展或生成的正常历程，有着助力作用，引导其向更高层次发展；负面特性，影响或破坏事物、事务发展或生成的正常历程，将其发展和变化，推向其他相反方向。只喜欢关注正面，一味地回避推挡或选择性忽视负面，是人类的共性，若此则无法发现资源中富含的积极意义，则最终将影响问题的解决。

例如，笔者之前帮助的某装修设计企业，它在解决人力资源招聘麻烦时，就将相应负面性不良影响，转化为了正面资源和推动力，进而助企业人资建设回归正常化。该企业是某省一家大型家装、工装全程服务型集团，在当地名列前茅，于各省主要城市均设有分公司，涉及装修方案设计、材料集供、施工安装等综合服务，仅其设计师就多达百多人，在总部还有超过数千平方米的工法样板展示区，具有较强的产业链整合服务力。近年来还因势制宜，积极进军经济型简装市场，以多层级的客群服务，克服了全球经济不振的影响。

但近段时期以来，由于企业在设计师队伍的招聘发展上，出现较大问题，经朋友介绍，笔者参与了对该企业问题的咨询工作。其负责人向笔者介绍了问题的起因，主要是与合资方战略不一致，多次协商交流未果，产生了激烈矛盾，导致企业拆伙。合资人按约定需在一年内退出管理权，但对方因矛盾加剧的怨怼情绪，于退出期间，在其主管的人事等职权，特别是员工招聘上，出了不少"大招"，令企业出现员工招聘困局。

例如，合资方授意其主管的人事部门，在招聘宣传中夸大薪酬福利，但实际却大打折扣，令应聘者反感企业很不诚信；面试时故意一副态度恶劣、胡说霸蛮的形象，让聘者不愿再来；面试中故意放出工作繁忙、压力极大的信息，令聘者闻声止步……特别在绩效考核等方面刁难员工，造成了较大的异动流失率，除了流失部分服务高端市场的精装设计师，简装类设计师在总部和周边省市的流失率最高，这类人力空档，令企业失去了不少简装市场份额。

更关键的是业内设计师群体之间的职场信息灵通，上述"内斗"也传及当地及周边业界，不但令很多设计人才"感到失望"，连不少简装类普通设计师，也望风而避，不愿应聘该企业。招不到人的同时，又是人力不断流失，让企业陷入了有业务也不敢接的尴尬。

最初该企业也找了一些公关策划机构想办法，但收到的方法主要有三：其一，硬怼起诉合资者，诉诸法律；其二，要求在此期间离职的员工，与企业签发联合声明，表示离职与企业无关，来个危机公关；其三，倍增招聘的薪酬，用钱解决。但企业负责人坚决不同意，认为这样不但会将事态扩大，既无法消除误非，也会在行业中，特别是设计师圈子中，留下"硬逼员工为企业站台"的嫌疑。同时，用钱来解决人资问题，必将引发同业激烈的人力争夺。

而笔者提出的问题解决方向为间接方式，向其指出，此事真不能直接硬刚，要用间接的即时性手段，结合非短期的应对时间，借事态中的负面资源转化，来最终解决问题。

第一，从根本上化解此事中最大的负面起点，就是与合资方的矛盾。搞经营做生意，哪有不开罪人的，并非天大仇恨，何况是合作多年的兄弟单位。应体现从容大度，采用柔术，主动与对方示好，并推出"感恩对方多年支持"的宣传，将负面起点转化为正面积极因素。该负责人听后很感慨，说本就该如此，于是大办和友宴，放下身段，主动化干戈为玉帛。对方有所感动，表示愿放下矛盾，共同寻找新的投资方向。企业通过在行业主流媒体渠道，积极宣传"感恩朋友"的相关事宜，主动弱化了负面性的矛盾起点，引发业界热议。

第二，针对简装设计师流失严重，笔者经行业调研发现，绝大多数简装设计师的主力是才毕业的大学毕业生，而室内装潢等专业的毕业生，完全可胜任简装设计师（该负责人也非常认同）。要逆转简装设计师流失的负面状态，需间接、逆向地从人力资源的源头，即大量供应此类人才的大学来突破。可开展该省首届装修行业"就业之星创新大赛"，创新大赛的主角为大四（本科）、大二或大三（大专）实习期的毕业生，比赛内容为简装类装修设计作品，方式为自行创作提交作品，以及到企业现场创作提交，从中筛选优秀选手，以合同见习的方式，进入总部或其他分公司。这不但及时解决了招聘问题、缓解了校方就业压力，也能通过比赛颁奖和宣传，为一些虽不符合见习标准，但也很优秀的毕业生，提供行业推荐机会。该负责人激动地认为这不仅是权宜之计，更是应坚持的长久之计，并决定只要企业能存在，这种比赛就将在大学中每半年举办一次，相关专业所属各大学则表示热烈欢迎，将鼎力支持。

第三，针对精装设计师流失的情况，应立足于此资源的负面性，进行充分转化，体现企业的诚恳和变革决心：放下架子，通过各种方式，积极联系主动离职的设计师，真诚致歉，并热忱邀请他们（包括提升薪酬福利）回企业发展，展现对人才的尊重。企业负责人听后马上决定实施，仅半个月左右，近六成离职的优秀设计师，又回到了该企业。

同时，针对设计师圈层中的不明内情者（形成负面舆论的主要原因），推出"两训、一计划、一公开、一展馆"系列工程，间接转化负面因素，加大企业与行业、市场的交流。

"两训"指针对才毕业从事装修设计的小青年，和已从业一段时期、正需提升专业水平的青年设计师，开设"就业过渡"和"专业升级"培训（坚持每周公益培训），一方面指导入行者实现从学校到职场的过渡适应，另一方面整合业内专家，帮助正在上道的青年人，更精准、有效地提升专业能力。"一计划"是指对社会上较有才华，但愿意兼赚丰厚收益的设计师，推出"种子合伙人计划"，以"保底兼职支持金＋高额提成"的方式，为其创建品牌工作室，将短期内拓展的重大设计任务，交与其参与，即给予其兼职基本收入，又通过高额提成，激发了共同参与的潜力（同样面向内部人员）。"一公开"是指推出用于业内创新项目公开路演的创新交流中心，以及行业公开参观周、公开问题交流会、创新公开论坛等可长期持续的公开活动，目的在于让业界朋友走进企业、消弭误解、达成共识。"一展馆"是将原来数千平方米的单纯工法展示区，借鉴近年来流行的创新街区设计，重新定位策划，推出不同片区、不同主题的室内艺术装修空间，打造装修文化展览馆，将原来无趣的技术展示区，变成向市民开放的装修创新博物馆，并引入主题餐饮，增加体验，推动品牌资源的文旅化发展。

对此，该企业负责人认为可行且有新意，但颇担心成本，花了半个多月的时间，专门进行了可行性及成本风险测算，结果令其喜出望外——成本小、作用大，于是积极开展实施。三个月后，该负责人很高兴地向笔者表态，这种把资源负面性变正面性的作用，不但解决了棘手的招聘问题，还让更多人才对该企业产生了浓厚的兴趣，人资梯队建设未来可期。至于重新定位的装修创新博物馆，虽受到新冠疫情影响，但该企业还是坚持完成了，为其在2020年全面复工复产，增添了全新的生力军，成为当地知名的新兴文旅打卡地，为展现企业的优势，提供了一个给力的新平台。

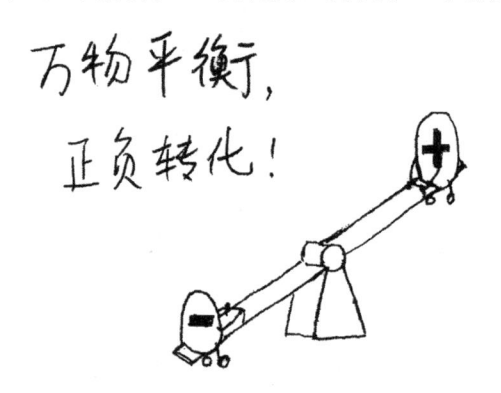

正负可逆，在于危机中育新机

五、简约策划逻辑四：成创意

在"真问题"面前，清楚分析并设定问题的解决方向（其中，需突破方向迷惑和方向失准，找准预设的直接、间接方向，及制造有利条件，实现机动设置方向），把握住虚实、软硬等解决类资源的几大特性，寻找到合适的资源条件后，就可以展开简约策划"基础逻辑"第四步——成创意。

为什么要说"成创意"，不是思创意、想创意，主要是从创意如何形成的视角看，去除各种繁杂的说法和现象，创意的形成主要有三，自己想、别人说、别人基础上自己再想。其中，于别人基础上，再由自己想出来的这类创意，往往相对更为周全一些。

（一）创意的源头

中国一位知名战略专家曾提出一个精彩的观点：你有一个苹果，我有一个柑橘，我俩交换，无非是你有了柑橘，我有了苹果；但你有一个思想，我也有一个思想，交流后，你我各有三个成果。第一个是原有的思想，在交流后获优化修正，第二个是拥有了对方的思想，第三个是双方思想碰撞后，产生出更新的思想。

这一观点，为前述中的第三个创意来源"在别人基础上，自己再想"，提供了很到位的注解。现实也是如此，因为第三种创意来源，正是世界上多数创意的主要源头。在这个意义上，自己想的和别人说的，基本都是在他人创新思想的基础上形成的。社会创新实践尤为如此，技术、文化、经济这三大类型的社会创新成果，皆是在前人基础上不断积累、不停迭代，才有后人的推陈出新、青出于蓝。这就是"新瓶装旧酒"或"旧瓶装新酒"的真正意义，即在他人思想成果的基础之上，形成质量更高、更有效果，更具创新水平的创意成果。

对于策划初入门者，更应该体会这一观念，有些初入门者，有时突然间灵光一闪，一个创意浮现在脑海之中，便自认为是自己的原始创意，但上网一查，或他人一看，原来是别人早前的翻版或升级版罢了。

　　但真要做到"新瓶装新酒"，从形式到内容，要实现前无来者、后无古人的超越式创新、创意，是非常困难的事，从技术、文化、经济这三大类型的社会创新实践来看，超越式创新、创意，基本属于顶级高手、顶级人才的成果。而对于策划初入门者，应将更多的创意精力，放诸对他人经验、案例的借鉴、参考之上，并辅以理论学习，从中感悟出相关原理，甚至形成标准化，以应用于后续、更丰富的内容创意上，不能仅停留在就事论事地产生一个个的小创意上，需形成系统化的创意方法。

创意在哪里？创意就在你我他的思想交换里

　　学习参考他人的经验、案例，对于初入门者来说，至少是入业后的几年内，创意形成的主要源头、路径。第一，要了解他人对于某个具体问题，是用什么具体的创意及方法来解决的。第二，可以分析一下，面对类似问题，自己将用什么样的创意来解决，并与他人形成对比，尝试了解自己开展创意的优势与不足。同时还要思考，对不同的问题，是否能应用同样的创意思路，以此探求更高效的路数。第三，坚持通过对他人的经验、案例等创意成果和思想的大量涉猎，从中发现自己所在行业的创意规律、自己负责项目的创意规律、自己最擅长之创意的发想规律，慢慢由对创意工作的陌生，过渡成为熟手、能手、高手。

除了学习他人经验、案例，最基础的创意来源，就是源自生活，热爱生活、体味生活、深入生活，从生活细节中，发现能让自己（他人）惊喜、心跳、感动或入心入脑的东西，去深度发掘其中，能令自己产生上述神经亢奋的一系列缘故、理由、细节，并将之印刻于思想记忆库中，随时抽取所用，这才是创意最大的源头。

（二）简约策划中的创意

什么是创意？听到最多的回答是"意料之外，情理（逻辑）之中"，即主要是指能引发人们情绪、情感出现波动的，打破了常规内容、态势和情形的"反常规"类实物或理念，更有人称为"神来之笔"，即能引发人们情绪或情感出现强烈波动的创新。

笔者将该概念进行扬弃，引入简约策划的范畴，认为创意既是能应对、解决问题的反常规类实物或理念，也是在找到"真问题"，设定了问题的解决方向、拥有了解决资源后，对问题形成实质性解决作用的，能呈现出具体形式、内容的物品或方法（包括手段、措施、对策、技巧、手法、思路、举措、手腕、办法、门径、步骤、方式等）的待整合点。即创意是以方法、实物、信息等为形式、内容的点，这些点可以单独存在，也可整合为一体（成为后述中创意策略）。

创意在简约策划的范畴内，就是能实质性解决问题的"抓手"，只要相应方法、物品、信息等，能够达到解决的目的，就具备了创意性，具有了创意作用。这里对创意核心功能的定义，是其"解决性"，与传统观念中，令人眼前一亮的点子、想法等纯意识概念不一样，并非只图具有花哨、立异表现的火花式创新思想,及新颖性、超前性、突破性等形式感。如果只追求概念上的花哨、跳跃,那只是艺术,只有具备了"解决性",才能称之为创意。

之前在重庆吃火锅,看到某火锅店推出的一个普通平实的滤油碗,就可以称为创意(市场上最早的专利产品)。火锅味辣油重,吃之前还要蘸香油蒜泥,有人为了少吃油,就直接点碗白米饭,在菜入口前,先放到米饭上"吸油",不一会米饭就吸满油水,但其并不会吃掉米饭,而是用过一碗米饭后,再点一碗继续"吸油",造成浪费不小。该火锅店针对这一浪费问题(真问题),采取直接应对的方式(解决问题的方向),参考用米饭吸油的特性(寻找显性资源,转化负面条件),借助便宜的陶瓷器具(寻找资源),创新设计出具有"上层有滤网,下层装油水"的陶瓷滤油碗(成创意),吃之前用它来滤油,避免了米饭浪费问题。

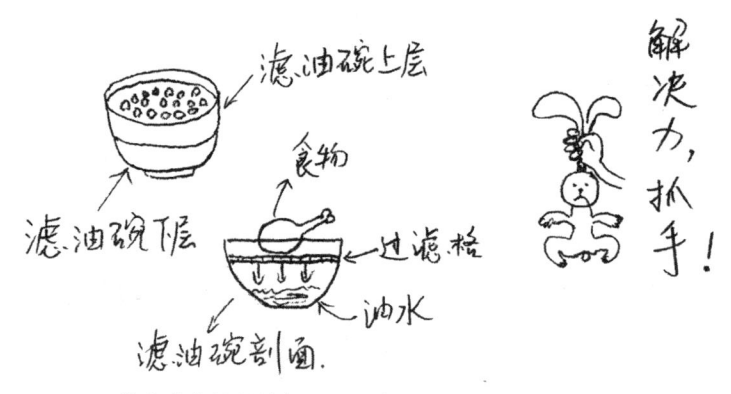

首要考虑问题的解决性,滤油盘展现的问题解决性

这里强调的是,一个普通的滤油碗代替浪费米饭,先体现出"解决性",方能称为创意,同步才是其超前性(重庆市场上最早),而不是将其形式上的别出心裁、标新立异,作为判断创意的标准,这一点上不可本末倒置。但若能解决问题,同时兼具新颖性、超前性、突破性,那更棒。对于认为

创意必须以求新、立异为本的说法，感觉可能是理解错了"创意"二字，创字在《说文》中是指做出来，意字在《说文》中是指意图、心意，创意者，做出来实现意图、满足心意也，具有很明确的问题解决导向，非以求新立异为先导。一开始就追求新颖、超前，并非对创意提出了更高的质量要求，反倒是认知上的本末倒置。

（三）创意、策划与互联网运营的关系

有人说，创意与策划的关系，这不是常识问题吗？还有必要说吗？这还真有必要说一说，此间经笔者多次调研，不少企业人员，还真没搞懂创意和策划之间的关系，有人因此把自己的职业规划都弄错了，甚至还牵扯到企业。

因为写作强、策划强和创意强，还真不是一回事。从整体来看，策划能力可以看作一个装配系统，文案写作较强，能加强策划力的基础效率，而创意思维强，则可增强待装配零件的品质。单个或多个创意，就像待装配的零件一样，属于单一的创新点，需有装配图、装配生产线等策划系统的整合，才能发挥最大的作用，所以在前面才把创意叫作待整合点。

但在当前这个互联网经营环境有较快发展，新媒体、电子商务等专业兴起的时期，企业很容易混淆前述关系，甚至把新媒体、电商等互联网运营工作，与上述概念混为一谈，给相关互联网市场运营岗位乱下定义。

当前企业的互联网市场运营模式，主要是利用市场现有的主力型商品销售类平台（淘宝等）、社交信息类平台（微信、微博、抖音等），打造吸引消费者进入和关注的入口，借助主力平台（传统网站或手机微网站）或自创APP平台（即所谓"两微、一抖、一A"：微博、微信、抖音、自营APP或小程序）营建流量池（泛众化、会员化营销的平台），对进入平台的消费者流量（及消费者关注），通过交流接触点营造、信任关系建立、需求引导等各种互动手段，进行持续地引流（引导消费者进入、引导其参

简约策划 | JIANYUECEHUA

与平台活动)、裂变(借平台上的活动,促动消费者推荐其他人进入和参与)、激活(激发消费者对平台上各类活动的兴趣和参与度)等社群类运营,最终将流量转化为消费购买、自媒体转发等行为,实现在流量池(或私域流量)中赢利之目的。

对此,多数互联网产业研究学者、专家均指出,现有的企业互联化市场运营,只是中国互联网产业化进程中,于现阶段形成的主流模式,互联网经济仍在持续发展,未来相关的互联平台、模式及应用软件的主导版型,对当前主流的论坛、微博、微信、QQ、短视频等流量平台,其替代的概率较高,所以中国企业互联网市场运营的模式,也是在持续的摸索中。

现在很多企业招聘的新媒体、电商,包括互联网经营架构、产品经理等运营岗位,从本质上来看,就是一种对企业互联网运营模式的摸索类建设岗位,或对已有现存模式的组织、调整类工作岗位。从事这类岗位,与在大学课堂从零基础学习企业管理、大学毕业又从零基础从事企业运营实践,非常接近,属于体系化的搭建工作。这与创意和策划,还是有较大区别的,但拥有较强的写作、创意,特别是策划能力,对这种搭建工作有很强的助力作用。

但有的企业在进行互联网市场运营岗位的职能设计时,把上述概念全部糅合在一起,既要有写作水平、创意思维,又要有较强的策划能力,还要懂互联网市场运营的全盘流程,并且要求员工以个人之力,推动企业互联网运营模式的创新。但据笔者对不少企业人力HR的访谈可知,这种既要会写、会创意、会策划,又要懂互联网运营创新的人才,除了部分"精专级"的互联网企业,这种拥有多维才能的人力资源并不太多。一方面是因为人的学习精力有限,多数人不可能对上述能力面面俱到,另一方面也如前述专家所说,互联网经济在泡沫期之后,其运营模式皆为"狼奔豕突"之态,各种新旧模式的冲突磨合不断,今天的"王者、贤者模式",到了明天就成为"青铜、躺平模式"，很少有人把心沉下来，将上述专业全盘弄通。

所以在这方面，不少企业经常是前脚才招一个、后脚就辞退一个，因为所招聘之人，一直不符合其企业管理层对市场运营岗位的心理定位，所以老是招不到合适的人。但据国内某大型人资招聘网站的大数据统计，应聘者的创意、策划才能，在企业互联网运营中的位置，基本落位于"规划流量池平台的具体运营内容和细节、加强流量入口的吸引力和趣味性、推出流量池平台上的引流或裂变活动、平台上各类社群运营的创新提升"等方面，主要体现在"对网销产品或服务的差异化创意策划、网销产品或服务的品牌再包装、互联网平台自身的品牌策划创意、爆款类产品或服务的打造、互联网推广的内容创意策划"等方面，而同时，通过对应聘者优势关键词的大数据分析，也发现能将前述岗位要求和工作内容，在专业上融会贯通者的比例很低。

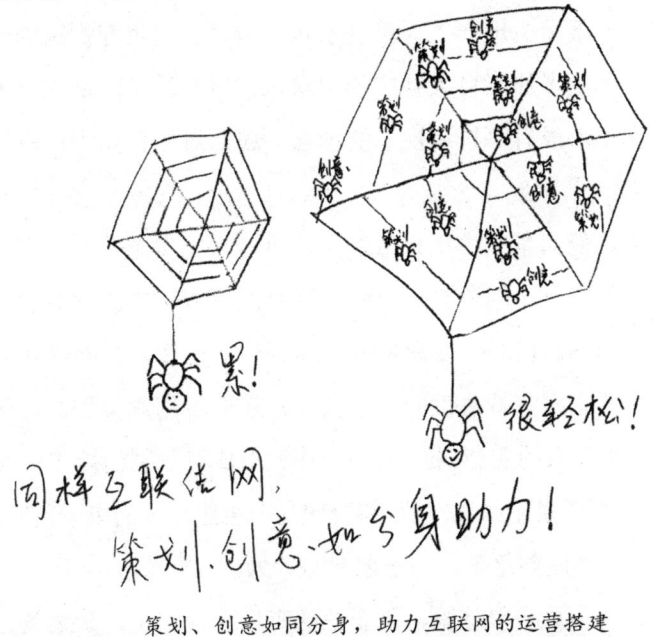

策划、创意如同分身，助力互联网的运营搭建

所以，在当下弄懂创意和策划的关系，很有必要。总而言之，创意和策划属于互为支持的关系，创意体现策划的核心支撑力，策划整合创意的创新推动力，两者对互联网应用的合力，将有效提升互联网市场运营的内容创造力，创新出更丰富的高转发、高互动内容。

（四）创意与策划不是悖论

现实中有个很有趣的问题，就是"有的人为什么创意丰富，但始终不能完成一个优质的策划方案？"不问则已，往往很多人都会响应："对啊，我就经常看到这种情况。"显然这一问，也成为职场上不少人的自我暗示——"可能我更擅长做创意，不适合做策划吧"，这一暗示将创意和策划对立为悖论关系，成为不少策划欲入门者，难以逾越的心理门槛。

因为从脑科学看，创意作为策划的待整合点，就是一个一个散点式的想法、念头，其物理位面，生产于大脑记忆区域中，各神经元在各个概念记忆点之间，所形成的无关联性的生物电流传导、混合、交互等作用。有些人灵光一闪，能很随机地产生大量创意点，但因上述生理机制的约束，创意点产生的基础，多加工自大脑中的纯意识、概念记忆，常与客观现实格格不入，要真正形成有"解决性"的创意，还需对创意点子，进行复杂的筛选和再加工。

可随机产生、能大量产生很松散的点，也可与现实无关、只需略微动脑……此类感受，自然将创意与人类的惰性心态形成一定的强关联性。而策划，不但要破译真假问题，要思考解决问题的方向设定，要寻找到可依托的资源条件，要想出有解决性的创意内容，还要将创意策划、转化、组织为符合现实环境要求的实施、推进（甚至还要形成可复制的操作标准化）。这一难度，远在只要"发个呆"，就可能得到几个思想点子的单一创意之上，所以，不少人只愿"做创意"，而不愿参与策划。

想归想，但现实总是很打脸，就企业的市场经营来说，策划就是一种基于理性的决策思维力及思维程序力，体现为策划能力对"计划、组织、指挥、控制、协调"等企业核心管理力的积极转化实施，从基础上支持这些企业管理力，是企业在经营过程中，不可或缺、必不可少的工作能力。创意水平再高超，但没有将创意整合起来的策划能力，肯定不行，至少策划工作的绩效考核不易过关，所以才有前面那个"为何创意强，但策划不行"的说法。但对于创意很强、策划不强的人，也无须着急，还有其他更适合的环境和岗位。

策划就是一串解决问题的创意"糖葫芦"

（五）产生高效创意的务实方法

能产生较多创意的方法有很多，学术界进行过统计，能单独形成一门学术体系的创意方法有三十多种，可独立应用的有九十多种，一些比较高端的创意方法，还涉及高阶数学专业，则比较复杂。有从事创新方法探索的学者进行过研究，普通人要把现存的所有创意方法都熟悉一遍，基本需要一年半以上的时间，太过冗长。

对于策划初入门者（包括中级水平者），则不需要那么麻烦，这里提供三种简洁易懂的创意生成方法（及其基本应用方式），便于更轻松应用。这三种方法是个人接连创意法、多人头脑风暴法、多人德尔菲法。这三种方法在创意方法中的采用率较高，具有较强的实战性和广谱性。其基本级别的应用方式,对于初入门者更易理解和上手,能有效应对不太困难的创意任务,且这三种方法还有高等级别的应用方式,同样可应对更为复杂的创意任务。

首先是"个人接连创意法",该方法是通过发散、相关、蕴含等方式,发现并集合事物、意识、事务中的多项具体特征,从中评估发现更能引发创新性(第一)、超前性(唯一)、突破性(专一)心智印象的主要特征,作为创意的基本元素。并对这些元素,采用"置换、增删、扩缩、组分、复制"等物元要素化的基本接连手段,创新此项(或多项)特征的外在表现,使之达到充分唤起差异化心理共鸣的效果,影响受众的心智。该方法看似比较复杂,但操作起来,既实用又比较简单,堪称创意方法中的上手简易版。

"蕴含、发散、关联"特征分析方法

1. 蕴含:指相关个体从属于某个整体的状态,体现包含、包容的关系,例如结果的果树,包含水果、绿叶、树枝等。

2. 发散:指相关个体之间可由此及彼的联想,如由鸟类就联系想到飞机,再由飞机发散联想到火箭等。

3. 关联:指相关个性之间具备互相支持、互相生成或反对、阻碍的关系,如电脑产品,可以关联电脑软件,电脑软件必须关联软件设计工程师的关系。

"置换、增删、扩缩、组分、复制"基本连联手段

1. 置换:对一定内容作更换。

2. 增删:增加和删除。

3. 扩缩:放大和缩小。

4. 组分:组合和分解。

5. 复制:依照原件仿制。

以西南某市农产品 A 橙的品牌提升项目为例,A 橙属于当地农业特色

产品，因其富含抗氧化作用的花青素，且花青素的色阶较高（接近浅紫火龙果），且汁水甘甜充足，一口咬下去，绛红橙汁四溢，于早年间就被消费者称为小红果。

但该农产品的主产区域，长期疏于品类品牌的宣传推广和品牌内容更新，导致该产品的市场形象在近十多年来，逐步被市场淡化，再加上国内果品市场竞争异常激烈，其原来以小农化生产和销售方式，所占有的区域市场份额，也逐渐被类似果类替代，A橙在市场上的销售也越来越困难，而当地消费者也感觉到，原来供应量较大的小红果，怎么越来越少了，甚至在很多地方都买不到了。

这一现状引发了当地管理部门的高度重视，再加上当时国家正好提出"要坚决打赢脱贫攻坚战"这一战略方针，所以重振A橙小红果市场份额的任务，被当地提上议事日程。经过农业部门深入调研，发现其市场份额下降的主因，并非品质下降、种植减少、对手过强、销售渠道不足等原因，其核心问题，就在于这款产品的市场品牌，已经无法再吃当年"小红果"的老本，基于其品质、物理特性的品牌形象、味型风格、文化属性（明清代的供果）等，在消费者心中均已淡化。

从以上分析，可以判断出"品牌形象弱化影响销售"是该产品面临的真问题，其应对、解决的方向，本可以直接设定为"大力推广宣传，推动其产品形象的恢复"，但A橙原有的、基于产品物理特性，特别是产品质量的相关特点，该说的内容，竞争对手也都已经先抄袭并抢着说过了，不但比A橙说得更有力，而且当A橙准备重振市场的消息一出台之后，竞争区域的产品们，都盯着A橙，准备在A橙有所举动后，再后发制人。那么其解决问题的方向，就应预设为间接方向，以避免对手见招拆招。

采取间接解决方向，就需要绕开直接的"以物理特性说品牌优势"这一方向，将品牌展示的基础，放在原本准备直接宣传的产品硬性特色之外。

以什么资源，借助什么创意，既能体现原有"小红果"品质优良，又能跳出"就质量说产品"的形式，并规避对手在产品硬性特点上赤裸裸的缠斗呢？

经过对资源的分析，认为之前支撑"小红果"品牌的资源，主要集中在果品拥有的高甜度、果品现摘的新鲜感、明清代官府供果历史等属性很明确的硬性卖点上，而对于其他软性资源没有应用，所以采用了果品在湖岛上生长、无污染无农药、果品果汁色泽鲜红等软性资源。同时，对软性资源采用蕴含（指包含、包容关系）分析方法，从软性资源所蕴含的各类特征中，发现湖景湖岸、辛勤种植、绿色、甜美、自然、鲜红色、花青素、健康、生态、果林、大丰收景象等，比较有具象感，且与产品极具关联性的特征（发散分析体现在"由此及彼"，即从此点可将想象延伸到彼点，如看到鸟类就想到飞机，再由飞机发散想到火箭；相关分析体现在"互相关联"，具有牵一发而全动的关系，如看到电脑，就可以关联到软件，关联到软件就可关联到软件设计师等）。

将是否能够引发新颖性、突破性或超前性的心智感受、印象，作为对上述所获特征进行筛选的标准，从中确定"湖岸湖景、鲜红果汁水、花青素、生态"这几个特征，作为创意基本元素。因为湖岸湖景、生态，体现了A橙由湖岛所产、自然环保等独特属性，在西南地区的同类别产品中，属于比较稀缺的特质和类型，体现了唯一、第一的标准，而鲜红汁水、花青素，则可借助红色火龙果等富含花青素类水果的高市场认知度，于橙类水果市场上，突破以往柑橘水果主要以血橙主打花青素的概念，开辟"同样能富含花青素的——真红橙"这一品类概念，并避免"血"这个敏感词，对消费的负面文化影响。

对于湖景湖岸、鲜红汁水、花青素等基本元素，需采用"置换、增删、扩缩、组分、复制"等基本接连手段，来创新其外在表现，唤起受众的差异化心理共鸣。在此以策划者当时开展接连创意法时的所思所想，作为示例进行说明。（提示：进行接连创意时，可由一人进行，也可由众人分别独自进行，然后再次将众人的创意进行交流、融合。）

首先，在策划者的思想中，认为A橙产地的湖景湖岸、A橙的鲜红汁水、水果生长的生态环境、A橙富含的花青素等元素，这几者之间毫无关系，但采取"组分"手段（组合、分解）进行自由创想后，策划者的脑海中呈现出一个画面，即"微风正拂过明静的湖水，一个个汁水饱满、鲜红，富含花青素的大红橙，正如山一般堆放在湖岸之上，正等待一只只小船来装载"。但发现这个创意在表现上比较平凡，且其他类似产品同样也可以采用该创意。

之后，策划者采用增删手段（增加、删除）进行创意，经过自由创想，当时策划者脑海中呈现的画面为"阳光下，富含花青素、鲜红靓丽的红橙汁水，正在从树上的橙果中流出，像空中彩练一般，飘浮汇集于湖岸边，形成了一个巨大的A橙"。但下来细想，这一创意在表现上又过于玄幻，与消费A橙的实际场景毫无关系。

然后，策划者继续采用扩缩、置换手段（放大和缩小；以及对一定内容作更换）进行创想，则其思想中的创意，先表现为"一群花青素就像红色的小鸟一样，轻松惬意地飞舞在湖岸的阳光下"，其后，策划者将这群飞舞的"花青素小鸟"，置换为"刚吃了A橙后、沾满了鲜红花青素汁水，变得鲜红的小朋友的嘴唇，正在追逐着爸爸、妈妈，非要用嘟着的小红嘴，亲爸爸和妈妈的脸，在他们的脸上印下一个小小的红唇印"。

当策划者创想到这里时，其脑海中的创意就非常清晰了——"在美丽的湖岸边，一个小朋友刚大口咬过富含花青素的A橙，其小嘴唇上沾满了鲜红的汁水，而小朋友正翘着的小嘴唇，嘟着嘴，奔向爸爸、妈妈，想吻他们的脸一下。"

此时，策划者脑海中一个叫作"湖畔××之吻"的全新形象（在此处的形象名未用全称，文字"××"及 A 橙的新形象表现，可根据即时的创意内容，进行创新更换），呼之而出。首先，是"湖畔"这个概念，A 橙主要产区为湖岛出产，环境阳光皆美，无污染无农药，与同类产品将形成绝对的差异化，只要一提到"湖畔"，即可直接展现 A 橙乃湖岛所产的第一印象，将唤起市场消费者的最大回忆；其次，是以湖岸为背景的、粘着鲜红汁水的小朋友的红唇，不但将生态环保的形象和盘托出，还让 A 橙中"富含花青素"这一最大优势一览无余（经专业机构测试，A 橙所含花青素在当地同类产品中最高，有力地支持了这一创意）；之后，就是小朋友可爱的红色小嘴唇，正准备"亲你一下"，将极有力地从视觉效果上，抓取人们的注意力，不但能有效规避竞争对手利用产品硬性特点来做文章，还能从情感塑造上，突出 A 橙最大的消费场景差异化，即"A 橙将为您带来健康、快乐的家庭生活趣味，并非仅有美味的口腹之享"。

接连创意法的三种特征分析手段

后来，该创意通过线上结合线下活动的组合手段（如征集最可爱 A 橙之吻、吃橙送"吻"自拍大赛、每天送你一个吻等互联网线上社群活动），不但迅速打响了 A 橙的全新形象，还令消费者开心地发现，当年大家熟悉的那个小红果，又令人惊喜地回来了，还带来了全新的欢乐消费元素……

在 A 橙管理方、湖岛产区生产者、当地政府的共同努力下，其市场份额于新形象创建后开始逐步回归。至 2019 年底，又成为当地旺销主力果品。

其次是"多人头脑风暴法"，是集众人之智的创意方法，在于组织头脑风暴会，通过有效激发参与者的创意思维，形成一个正能量的激励场和创意放大器，促进参与者互相激发出更丰富的创新思想。不少人比较熟悉头脑风暴法，看似大家皆在用，且已"用旧用臭"，但从其实际应用情况来看，该方法不但是一种经长期应用所筛选出的优选方法，适用于各类市场策划创意，也是略有一定挑战性的创意方法，很容易在应用中出错，影响创意质量。

头脑风暴法看似简单，表面上好像只是一群人坐在那里开"头脑风暴会"，一个劲地"傻想"创意，但在实质应用上颇为讲究，要充分发挥其作用，还需从以下几方面进行严格把控，才能有效保障该方法的顺利应用。否则，头脑风暴会要么将开成领导或权威人士的"一言堂"，要么就变为成果平淡无奇的"大杂烩"。

第一点，头脑风暴法的工作形式，就是召开头脑风暴会，即邀请相关人员在参会的过程中，就解决某个问题、提出某项策划或创意内容等，积极发言、踊跃建议，从而形成互相激发的良好氛围，让大家提出更丰富、质量更高的思路或点子，最终形成创新上的突破。从这一点看，就要求其参与者，主要为思维通明、急智速应之人士，思维迟缓、表达木讷者比例应适度减少。但不是 100% 绝对减少，有时候，三个秘书加一个厨师，所产生的效果要远胜三个诸葛亮。

第二点，头脑风暴会议的主题要非常明确，或其主题为比较具体的内容点，例如"您认为主题公园该怎么策划？"这个问题，就不如"您认为这个主题公园应该引进哪些主要游乐设施？"那么具体。或者，不以具体内容点为讨论主题，而是以较模糊的方向、范围、概念等，作为头脑风暴的主题。以具体内容为交流主题的时候,能对讨论的边界,进行清晰的定义,不至于思维过度发散、扩张,导致无法收拢集中。而以模糊内容作为交流主题,将大大解除对创意想象的范围限制,引发参与者更积极的思想共振。对这两种方向的选择,取决于会议组织者的目的,但往往头脑风暴并不只是为了追求具体的落地内容。

第三点,参与者在互相之间的精神感知上,要体现高度的平等感。既有专业上的平等,又有身份上的平等,因为不平等的感受,会形成一种权威的压力,让部分参与者碍于情面,不能充分表达自己的创意想象力,而对他人的看法唯唯诺诺。除了平等之外,还要保持较强的陌生感,这也是很多企业在内部进行头脑风暴会失败的主要原因。同事之间可能在专业和身份上比较平等,但彼此之间不太陌生,也会造成对意见表达的主观障碍。从一些智库机构对头脑风暴法的应用实践来看,组织来自不同的单位、不同专业的陌生群体,所进行的头脑风暴会,更能产生增强创新的美第奇效应(跨专业知识激发出广泛的资源组合创新),形成更精彩的创意成果。

第四点,举办头脑风暴会议,容不得对他人意见的任何批评,参与者应保持一种高度谦虚状态,一旦出现批评,必将影响整个会议的交流氛围,甚至导致会议的失败。这种情况在很多单位很常见,有些管理者的权威感很强,其意见和情绪表达也很直接,往往也喜欢跑来凑热闹。然其一旦参加,完全就成了整个会议氛围的破坏者,必须严格控制此类情况的发生。而另外一种情况,是会议的主办方或会议主持人,在神情、态度等方面过于严谨,让参与者也比较拘谨,压抑了头脑风暴的活跃程度。主办方或者主持人应在组织会议时,展现一种愉悦、畅快的状态,推动会议氛围的活跃激昂。

第五点,整个会议的主持人,须有高明的气场和氛围引导技巧:能够在会议开始前,通过自己的发言,铺垫引导出会议的活跃气氛;能在会议的议题推进中,保持会议主题的清晰和稳定,并将讨论的主题贯彻始终;

能在会议的深入交流阶段，遏制不利于创意风暴的情绪和氛围，化解交流者之间可能出现的矛盾或思想交锋等尴尬问题；更关键的是在会议的全过程中，能不断地激励参与者，创意出丰富的思想火花，产生更有活力的创意元素。

第六点，据相关互联网协会的统计，通过互联网实时交流平台，所搭建的参与者互不见面、互无印象，能保持较高平等、陌生性的互联网头脑风暴会，是目前成功率和普及性最高的一种头脑风暴会议形式。这一形式虽然新颖高效，但也有一些企业在应用中，因主持人原因，导致该方式出现问题。因为一些主持人在线下头脑风暴会中，较有掌控能力，但是在主持线上头脑风暴会时，由于参与者都不会见面，互相之间陌生感十足，在会议过程中，经常会出现参与者互相批评的情况。这时，线上主持能力相对薄弱的主持人，就会比较尴尬，往往很难控制参会者间的情绪冲突，让平等共振的氛围被破坏，导致会议不欢而散。所以，在实践中，往往会以文字交流的方式为主，因为文字表述相对更理性，且主持人更容易遏制其中的不利情绪，但要注意的是，对一些不擅长于电脑输入法的参与者，应做好语音表述转化为文字的软件准备，方便将参与者的语音高效准确地转变为文字。

以一位医疗专家之前主持过的某企业头脑风暴会为例，该企业是一家中药企业，多年来，其明星产品为一种可清火除湿的中成药。这个药产品在之前以"清热解毒"为主要的核心卖点，对温热上浮、肺胃积热造成的口齿肿疮、咽喉上火、便秘等问题，有良好的功效，据不少消费者表示，是从小到大，一直吃的放心药、良心药、有效药，可谓"药到病除"。

但随着药品市场的竞争深化、消费者代际的不断更迭，在不少竞争厂家也推出了类似产品的情况下，企业之前面对的主力消费群，也出现区域、年龄、文化等方面的分野，特别是互联网信息浪潮下的消费年轻化，让该药品在新一代的消费群体面前，既无法实现充分的品牌提及率，也很难进行有效的品牌辨识认知，且其清热祛火的核心功效，也受到新一代消费者的质疑，认为其"能广泛治疗热毒上火类综合症状"的卖点，颇有功效过度夸张的嫌疑，最终导致该药品在全国市场上的份额，在近年来出现较大幅度的持续下滑。

药厂对该问题的分析结论是"产品质量是优秀的，但其消费价值体系搭建出了问题，导致产品的市场推介，跟不上广大青年一代的消费购买心理"，企业对问题的分析很到位，因为该企业为了解产品可存续性，曾做过产品功能生命周期的市场测试（包括双盲及三盲测试），均获得了老中青三代消费群体的认可。所以，"产品消费价值搭建出了问题"这一评价属于真问题，而对于该问题的解决方向，企业认为问题所形成的压力迫在眉睫，采用预设的非直接化，或制造条件后的机动方向来作为发力的维度，需要一定时间进行筹备，不如以直接方向来应对，直接在其药品营销中，向消费受众推出全新的产品卖点及利益诉求，方能形成更高的问题解决效率。其中最快、最便捷的创新方法，就是头脑风暴法。

第一，拟邀请医药科研、药品营销、广告品牌、市场调研方面的专家学者，同时，邀请了部分消费者代表，一共20人，在人数结构的权重上，没有像之前类似的头脑风暴会，将医药科研专家作为主体，而是将医药科研、营销、品牌、调研等各专业的人数权重，进行合理的配比，医药科研专家占2成，营销专家占1.5成，品牌专家占2成，调研专家占1.5成，消费者代表占3成，形成一个能综合B端到C端，提升抽样代表覆盖性的意见表达结构。

第二，在会议举办之前，将该企业、该药品的主要背景、经营现状、产品情况、出现问题等详细资料，提前发送、告之参会者，并多次提请他们关注阅读相应资料，为头脑风暴会的举办，提前进行参会信息认知的准备。在提请对方关注参会资料的同时，将具有赞扬内容的相关言辞，按不同参会者的个人性格特征（提前了解），结合头脑风暴会的会议内容，设计成"一对一"的专项推送内容，在会议举办前的五天内，每天通过微信、QQ、短信等个人联系方式，推送给参会者，巩固和提升他们参与的兴趣（如以"某企业即将举办专属头脑风暴会，特邀请来自某行业的业界专家×××先生参会""某问题成为某企业心病，现敬候专家某某先生的建议"等H5、静态网文页等形式，进行一对一专属推送）。

第三，对于会议举办的氛围，主持人将传统的会务风格，调整为以茶话会为主调的氛围，以头脑风暴的思想互换为主，以名茶、果品、小吃等膳品为辅，形成轻松的茶聊场景，更好地让大家激发和交流创新思想，避免传统会务感对创新思维的压抑。

第四，在会议开始前，并不像通常的会议组织那样，先邀请参会者提前进入同一个会议室，而是让企业为各参会者分别准备不同的等候休息区，不让参会者提前见面，避免"破冰效应"对参会者独立的专业心态、形象造成破坏，影响其个性化的创新发挥和表述。

第五，在会议开始时，主持人对整个会议进行了开场前导介绍，如对会议举办背景（企业、药品等相关情况）进行了详细的再次介绍，以避免参会者对会前资料的疏漏；并借几个失败的头脑风暴会案例，对参会"纪律"进行了认真强调（如失败原因在于参会者不管"纪律"，在会议上互相批评对方的观点）；然后，专程根据提前准备的资料，就该药品在现阶段仍以"清热解毒"为核心卖点造成的问题，及竞争者的卖点、利益诉求、创意表现、市场威胁等情况进行说明，引导参会者逐步融入创意风暴的启动状态（需半小时左右）。

第六，在参会者中，提前布置几个能主导会议氛围和思路方向的"发言活跃分子"（与企业关系较好的朋友），其目的就是为打破头脑风暴开始后、无人主动发言的尴尬，以及消除会议中暂时冷场的局面），在创意讨论一开始，就立即"激情万丈"的响应主持人，纷纷主动发言，形成积极建言的氛围，并就相关问题的解决策略提出各自建议，还在会议现场支持、鼓励参与各方的发言。这么一来，整个现场的氛围，一下就被全面激活了，与会者按照主持人排定的顺序，分别就如何解决问题，大胆、直接地提出自己的各种奇思妙想、观点看法，进一步形成互相鼓励的交流气场，为该企业献出了较多精彩纷呈的创意思路。

第七，主持人在会议的全过程，保持对会议内容的高度紧张、关注状态，对于参会者间偶然出现的互相提问或疑惑（特别是学界专家，因知识体系的不对称，容易对其他人的观点，在现场提出相关看法），主持人立马以"不好意思，没听清楚""某先生，请稍微等一下再交流""某老师，这样，您提出的这个问题，我来回答"等各种丰富的理由，及时进行介入和阻断，并结合一些很幽默的笑话段子来"插科打诨"，以保持会议"纪律"和热烈的交流氛围。

第八，在头脑风暴会进行当中，结合会议的进程，适当进行了几次休息，但休息的主要形式，并非让参会者作会间交流，而是在请他们喝茶、品赏点心的同时，关暗会议室的灯光，播放国内外精彩的行业宣传创意片，令参会者在会间休憩时，同样能激发出创新思维。

第九，在该头脑风暴会举办之后，为了进一步获取参会者的创意，企业还按照"互联网头脑风暴会"的方式，继续邀请前述参会者，参与了另一次更匿名、更有平等感的"网上头脑风暴会"，借助百度、讯飞等语音输入法，将参会者的语音转化为文字，以理性的文字进行会议交流，有效控制了参会者个人情绪在会议中的流露，形成了更好的平等共振的氛围，为该药品问题的解决，获取了更多的创新对策。

在线下、线上头脑风暴会结束后，该企业及时地对参会者提供的思路、观点，进行了综合梳理，结合企业的具体营销战略，为该药品形成了以下的创意解决方案。

首先是面向当代青年消费者，对原有产品以"清热解毒"来包打天下，特别是对其"一药包治'热毒'造成的'各种'病症"这一卖点诉求，进行了有力的调整。

在保持老款型产品的包装、卖点、利益诉求、销售渠道、价格、宣传方式等经营要件不变的情况下，缩减老款的推出总量，将缩减的部分，分别针对不同人群在"上火升热"时不同的病症状态，推出具有不同包装、卖点和药效诉求的多个新款产品。通过合理配置、设计不同的药材原料及治疗药理，做到"一款新药，主要针对一个病因、症状"，避免之前那种万金油式的、什么症状都治的药效诉求，形成针对当代人群最易出现"上火升热"问题的七、八款新产品，分别针对不同病因所形成的不同症状，或针对出现同一症状的不同病因。

每一款新产品针对每一个不同的病因，在包装、卖点、药材成分、药理逻辑、诉求等方面，均做到同一大类中药之下的不同针对性。例如，针对当代人常熬夜加班这一病因，所造成的眼赤、生疮、便秘等症状，推出的扶正养血、清虚补气类专属产品。又例如，针对当代人常吃火锅等辛辣湿热品，易造成皮肤暗痘、口舌疱疮、肠胃不适等症状，推出的除湿降燥、祛火清凉类专属产品；针对夏秋季节变换，造成的皮肤瘙痒、嗜睡气重等症状，推出的润肤醒神、宜肝养肺类专属产品……均围绕原有产品"清热解毒"的核心卖点，进行"病因变化——药理变通——药材调配——对应病症"的变革，在原有老款产品的基础上，对广大青年消费者形成了较有说服力的产品和形象创新。

而针对企业原有的大量忠实客群，在推出新品的同时，老款产品也保持不变，一方面为保持其市场份额而持续发力，另一方面也要进一步加大促销力度，作为吸引市场对手火力的竞争屏障，对其新款上市形成有效保护手段。

　　同时，为了进一步面对未来互联网场景下的市场环境，保持并吸引更加丰富的忠实消费群体，特别是面向未来将成为其主流客源的青年人群体，该企业需自主营建流量池，借助相应在线APP或小程序，打造自己掌握的、可长期吸客、聚客、留客、转客的客源流量平台，进而形成企业的私域流量池。在运营初期，将该流量平台的整体交互主题设置为"当代都市人群最关注的相关健康问题的交流中心、咨询中心、在线公益诊疗中心"，吸引、汇聚各类人群（特别是青年人），在该平台上交流、分享自身的健康问题、保养经验，并引入行业权威医疗专家及药理专家（正高职称以上），就相关健康问题的调养、改善和医治，提供实时在线的指导，打造企业自己的高信任度用户群，最终形成庞大的在线健康社区型流量池，为企业营造更多的专业服务提升场景，最终保证相关药品的持久消费忠诚度。

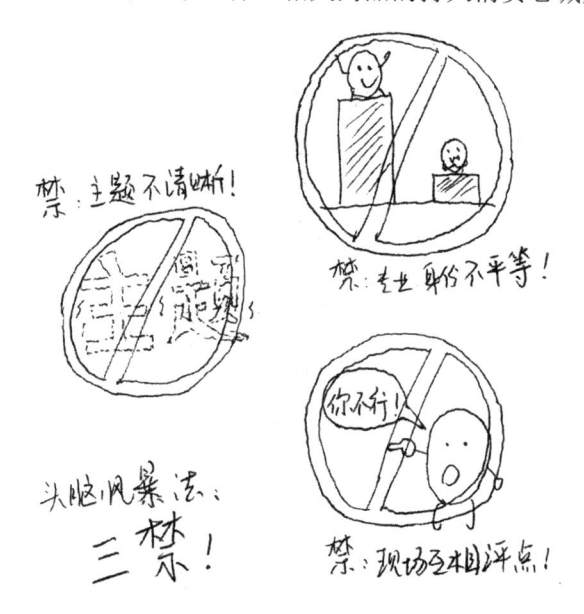

头脑风暴法所禁止的三种行为

其后，该企业对采用上述头脑风暴法获得的创意对策，进行了认真的分析，采纳了其中的主要内容，并在经过法规药品申报及验证流程、推出了相应的新产品后，按照前述中的相关创意策略实施，于较快的时间内，在维护原有市场份额和引流新消费方面，形成了良好的市场反馈，达到了借头脑风暴形成有效策略的效果。

第三就是"多人德尔菲法"。多人德尔菲名称源于欧洲古代神话中集众神之力可预见未来的传说，集合众多专家（或专业人士）的智慧，形成创意的方法，即在各位专家互不知晓、互不见面、独立保密的情况下，由组织方将需要解决的问题及背景梳理清楚，分别发送至各专家处，由专家将其所作的分析及解决思路、方法等，返回组织方进行汇总、整理，形成新的研究及应对整合资料后，再发送至各专家处，由专家对新资料再次进行分析，并提出更新的解决思路、方法之后，再返回组织方进行汇总整理……经过三至四次的反复汇总交流，直至专家的创意观点逐步趋近一致，或提出区别很明显的几类主要创意观点。

其基本流程为：提出问题、背景资料——分别发至各专家，征询其分析建议——汇总各专家返回的分析建议——形成新整合资料——再发至各专家，继续征询其分析建议——再次汇总各专家返回的分析建议（三至四次）——专家意见趋向一的观点，或区别很明显的主要几类观点。

多人德尔菲法与前述中的头脑风暴法有很大的区别，特别是在专家互相隔立、多次信息反馈、充分体现参与者观点等方面，与头脑风暴那种现场交流聚合式创意，有着明显的不同，在应用中充分注意以下几个特点。

第一点，必须是体现单一反馈性，进行德尔菲法的组织方在向专家发送相关资料、与每位专家的交流时，必须实行"一对一"的原则，即组织方单线联系每位专家，不可疏忽大意，让参与分析研究的专家，形成所谓的"讨论小组"（互联网环境下，容易产生互不知晓身份的网络交流），以避免专家之间产生非专业的各种情绪、利益类影响，进而影响专家作出独立的分析判断。

第二点，参与专家须是在行业中拥有一定的专业权威性和代表性（实践及理论性），或拥有丰富的从业经验，但在专家的专业类别取向上，不一定必须全部是某一类专业，可以在拥有一定业内专家的前提下，引入相应的跨行业专家，增加德尔菲方法的创新活力。

第三点，保持高度的匿名，即组织方邀请了什么专家、哪位专家等信息必须保密，各专家之间更不能知晓对方身份，以避免专家的权威等级感，对专业判断产生互相影响。

第四点，组织方对专家提出的相关问题，以及相应的背景资料，一定要很清晰，不能产生歧义，问题也不宜过多，问题的难度应由浅入深，最后集中在核心问题上即可。同时，有条件的组织方，可以在创意活动开始前，分别组织各个专家，熟悉企业、产品或项目，以及市场情况，并分别与企业管理层进行相应的交流，提升专家的参与进入度。

第五点，对专家提出的分析和建议，不必在准确性、实施性、经济性等方面作过高的要求，只需专家根据自己熟悉的情况，尽量客观、对位的提出相关的分析和建议即可，不能过于吹毛求疵，以影响专家研究判断的效率。

第六点，采用德尔菲法交流的结果，一般会出现意见逐步趋近一致，但也会出现区别很明显的几类主要不同观点。对此，应在考虑专家各自权威性的同时，采取对多元化观点、意见的吸收（特别是少数人的见解），不能搞绝对集中，以避免出现"战斗机幸存偏差"。（该偏差是指第二次世界大战期间盟军为提升战斗机的空战生存率，对现存参战飞机在机身各部位的中弹情况，进行了系统调查，认为现存战斗机某些部位的中弹率较高，必须加强这些部位的防弹装甲。但后来才发现，这个调查完全无用，那些因机身某些部位防弹性差，而被击落的飞机，已不在受调研的幸存者范围之内。说明德尔菲法收集的观点、看法等，需更加全面。）

第七点，应鼓励参与专家提出独立的见解，可在反馈给组织方的观点中，对不同的看法进行商榷、探讨或点评，再由组织方进行综合整理、统计，甚至允许专家在提出合理前提的情况下，以"今日之是，攻昨日之非"，提出前后自相矛盾的看法、观点，或对同一事项提出认同或保留的两种不同看法，以供组织方进行参考。对所收集的专家观点、建议的整理时，应保持客观公允的态度，不能因为受制于企业战略、领导意志和部门利益等主观因素，而对专家的意见进行人为调控，以及对专家判断分析的方向，进行主观化的引导。

第八点，采用德尔菲法征询创意的工作期间，相关工作计划应相应紧凑，向专家发出相应问题、背景资料后，对专家各次反馈时间要有一定约束，同时，对回复专家的资料的整理及再次发出，也要紧随工作计划，不能出现以天数为单位的延迟，避免影响专家分析研究的思考连续性。若需对专家发出相应补充资料，也应对专家提前告之，切不可"想起一出是一出"，在毫无提示的情况下，频繁打断专家的工作进程。

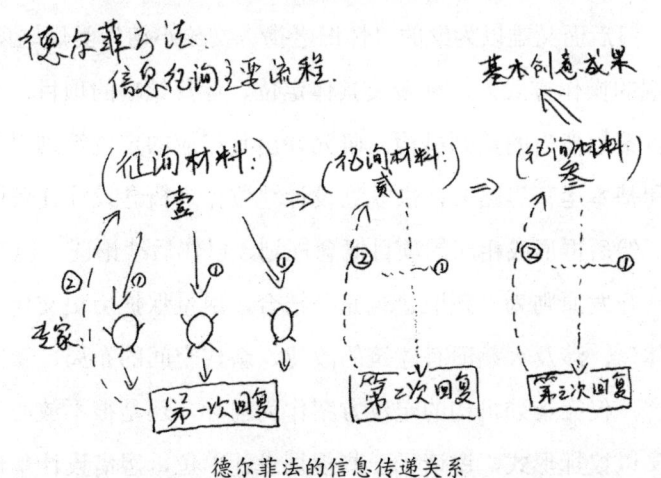

德尔菲法的信息传递关系

第九点，对相对不太复杂的问题，德尔菲法中对专家征询的次数，可以控制在两次左右，但对于较复杂的问题，可以进行三至四轮次的专家征询。同时，还可以在同一时期内，分别组织不同的专家，开展多个场次的德尔菲创意征询，综合听取多场次、不同专家群的看法。若对征询获取的相关创意有所疑惑，还可以在前述征询成果的基础上，组织更高层级的专家，持续开展德尔菲创意征询活动，从中形成更有利的决策参考。

以四川老街旧改 D 项目的定位及运营战略的德尔菲创意征询为例，D 老街是川内某市主城一处老旧的泛商住大型街区，兴建于清末，兴盛于 20 世纪 90 年代，综合融汇了清代、民国、现代、当代等多个时期的人居文化及建筑，但因街区功能、经营业态、人居环境等出现建筑质量老化、人文氛围陈旧等问题，与周边商务氛围难以融合，被当地政府规划为城市商业街旧改的重点项目。

但如何改？特别是项目如何定位（做什么、怎么做）、如何设置运营策略（怎么经营），成了开发企业头痛的事情（开发方为当地混合制股份企业，既要开发建设、在项目改建后经营，但又缺乏相应开发、运营经验），因为现在各类商业街区项目众多，市场竞争激烈，搞不好就要做成那种一窝蜂乱上，但后面又难以为继的"怀旧老街、文旅小镇"类烂尾项目。

按常规的操作方式，这种涉及具体定位、运营策略的项目，是先由拥有相关项目策划能力的策划机构，研究并出具相应的定位策划报告（包括建筑硬件和基本运营思路），供规划设计单位作为概念设计任务的指导或参考依据，然后再形成相应的项目概念规划，以作后续论证。但 D 项目比较复杂，其开发原则为"新旧建筑充分结合，尽量保护历史文化、保持传统商住一体"，涉及大量旧有建筑的改建、新建空间的布局、新旧历史的融合等内容，仅靠策划机构的定位方案作为前导，还是很不放心。为此，开发企业又以议标形式，邀请了一些规划设计单位，想借设计单位的经验来入手，交流、积累项目的定位和运营思路。

但其中很多单位在项目定位、运营战略上的出发点，都是以设计面积、规模最大化为基本方向（规模、面积是建筑设计单位收费盈利的计费依据），这些设计单位以自身盈利最大化为出发点，显然将会影响决策的客观性。仅有部分受邀设计单位，思考项目定位是以消费和招商两个角度作为出发点，但这部分单位仅仅是设计机构，几乎没有同类项目的市场运营实操经历，所以，开发企业在是否听取对方看法上，也显得颇为犹豫。

开发企业老总有位高中同学，正好是笔者就读研究生时的同学，知道笔者曾从事过川内一些大型文旅商业及街镇项目的战略咨询工作，于是邀请笔者与该企业老总及管理层进行了详细交流，以求突破、推进其后续的开发思路。经过交流，笔者认为开发企业面对的所谓问题是个"一半假、一半真"的问题，并获其企业管理层的一致认同。

半个假问题，是指其所需要的项目策划定位，并非该项目是否要策划成为唐街、宋城或明宫等具备新主题、新形象的定位，其定位在当地政府处，早已有了清晰的指示，即旧街、旧城改造项目，在已有开发原则下，于原街区基础上，形成"做旧如旧、功能优化、保持历史"的文化商住街区（江浙等地类似项目较多），特别在城市形象上，按老街上不同历史阶段建筑、区域的面积和体量协调配比，保持古今综合的历史风貌即可，无须另创主题。而问题的真实部分，在于这一融合多个时代的综合历史风貌街区，是以怎么样的"形象质感"进入市场，让需求端的消费者和供给端的入驻商家，都感觉与众不同或很有特点？

半个真问题，是指项目的运营战略规划，也问到了点上，多数街区类项目成功的根本原因，就在于前期项目策划定位与推动后续经营的运营策略，相得益彰、相辅相成，且互为助力。即这个文化商住街区在怎么样的项目策划定位下，以怎么样的运营策略，才能保证项目在定位策划上的试

简约策划 | JIANYUECEHUA

错风险最小？怎样才能保障项目改建后的经营管理，能更顺利地形成持续盈利？而问题虚假性，就在于这个运营策略不可能脱离项目的策划定位，来空头另行思考。

这种情况，属于迷惑于问题解决的方向，好在该企业老总及管理层的战略眼光很清晰（以政府明确的政策为引导方向），其在经营控制、市场策划、技术管理等方面的企业核心能力相对不错，持续推进发展项目的理念、资金、实力等定力充沛，所以在解决问题的方向设置上，可针对前述"半真半假"问题，能有力按照预设的直接方向进行破解，即直截了当地解决面临的上述问题。

而解决问题的相关资源、条件，经过虚实、软硬、潜显等共轭性分析，解决问题的重要资源条件，主要集中在"当地城市人文及消费文化，该企业可组织参与的策划、设计单位、院校学者、行业专家"等方面，以及企业在资金上有组织整合上述相关资源、条件（进行收集、整理、接待、交流、服务等工作的费用投入）的实力。在这种情况下，本人向该企业建议，对于D项目的定位策划、运营策略（包括概念规划），放弃创作思维本位化、策划规划一位化的招标获取方式，调整为借助"多人德尔菲法"获取并形成定位策划、运营策略等指导决策后，再进行项目概念设计规划的招标。

经该企业上级管理部门批准，启动了利用德尔菲法产生创意的相关工作。邀请的参与专家，即为愿积极支持、参与本次项目工作的相关策划和设计机构专家、院校学者、行业专家（包括提前知晓或不知晓项目背景者），且这些机构单位、学者专家基本都互不知晓对方情况，更有利于德尔菲创意征询。

首先，由组织方（开发企业）将其向专家征询的问题说清楚，即两个问题：一方面，该老街旧改的街区，在怎么样的建筑质量、单体品质、立面风貌、档次观感、空间环境、视觉色调等"质感"上，走怎样的方向、进行怎样的定位；另一方面，改建落成的文化商住街区在经营战略上，应该采取怎样的运营策略，以形成对前面所说的"质感"的支持，才能保障经营风险相对较小，形成稳定的盈收。问题经该企业内部交流讨论，认为能清晰体现老街改建面临决策难点。同时，将该城市、旧改街区的文脉、经济、人居等方面历史与现状背景，形成清晰的背景说明材料（包括全国各地相关参考项目的基本情况），以供专家参考研究。

其次，邀请相应的专家参与此次活动，笔者向组织方建议，除邀请之前持续跟进的项目情况知晓者，还需引入之前不知晓项目的专家，方能形成更客观公允的分析研究成果。组织方很有实力，一下收集了数十家策划机构、设计单位的信息，并且这些单位均表示不收费也愿参与，因为以互不见面的方式，独立进行观点交流学习的机会很难得。而参与的学者、行业人士数量更多，加在一起竟达近百人。组织方有些担心，说是不是参与的专家太多了？笔者建议可分别进行多场次的征询活动（每场15～20名专家），需要组织方多做的事情，无非就是让各场次中参与专家的观点，能获得充分交流即可，打消了组织方的疑虑。

第三，设定相应的工作计划，特别是对每次资料发出后、专家回复的时间，进行严格的约束，形成催促推进机制；参与者均与组织方签订相应的保密协议，其中又特别对参与专家不得互相打探个人及企业信息等，进行了严格约定，若违反后被发现，不但要免除其参与资格，还不能参与后续相关策划、设计等投标议标过程。在活动开始前，组织方还分批次邀请专家分别到当地参观、考察项目和城市环境，助其熟悉项目基本情况。

第四，组织方将项目问题和背景资料，向参与德尔菲创意的专家发出，并按工作计划和协议要求（十天内由专家返回分析研究信息），于三天一次，分别进行短信、微信或电话交流，提示专家及时提交其首轮研究分析成果。

在各场次的首轮征询中，关于"质感"定位、运营策略问题，共获得专家提交的观点、建议共三十多项（观点者较接近者归为一项）。组织方马上对这些观点、建议进行了梳理、综合，将其中类似、雷同的看法进行了融合，形成了包容十多个不同观点、看法的整合资料包，在专家返回信息后的三天内，将资料包发送给参与专家，并按期开启第二次的创意征询。

第五，在向专家进行第二次征询时，本来将按原计划继续对各位专家进行提示，让专家们在看了第一次整合众家之长、综合了各家观点的资料包后，继续深入地分析和研究，或调整、修正自己的观点看法，提出更准确的建议；或在扬弃他人观点看法的基础上，提升其建议的合理性、科学性；或集众家视野、维度，形成更具创新性的创意。但在这次征询时，却发生了意料不到的情况。

参与的专家中，其中有一家企业的专家，认为在组织方首次整合的资料中某个观点，是必须依据该专家所属企业独有的相关理论方法，才能形成的观点，所以向组织方表示，德尔菲征询活动出现了"抄袭"他人观点的问题，非要组织方找出这个"抄袭者"，否则就要司法解决云云。对这种情况，笔者经历较多，也较司空见惯，一方面建议组织方与该专家交流，了解其所属企业"自创理论"的情况，另一方面组织人手分析该专家所说"被抄袭"的观点。

组织方在知晓其"自创理论"后，对该理论基本的逻辑推论过程，进行了排布列示，同时，就"被抄袭"观点的关键词和基本概念，进行了详细提炼，并通过百度、知网、维普等专业知识数据库，依据关键词和概念，查询了国内的相关理论研究成果。发现所谓"被抄袭"的观点，在另一些公开理论、方法的逻辑推论中，同样也能获得。且相关"自创理论"，与那些公开理论相比较，在各自的逻辑上，无非就是"1+1=2"和"2×1=2"之间的通转关系。所以，并不存在对其原创观点的"抄袭"问题，也令该专家能安心地投入后续研究过程。

第六，在十天内，及时收集专家第二次返回的分析研究信息，进行梳理、综合，再次将其中类似、雷同的看法进行融合，三天内形成了包容五六个不同观点、看法的整合资料包，再次将资料包发送给参与专家，按期开启第三次的创意征询。

在第二次对专家的征询中，一方面是专家们持续对自己原有的和他人的观点、看法，进行修正、调整或提升，另一方面是组织方对专家的观点、看法进行融合，已将原有的十多个不同观点，减缩为五六个观点，且组织方在对这些信息充分解读的基础上，还对其中的烦冗信息做了精简、提炼，使创意内容在方向、数量上，更加可察可控。

第七，专家在收到组织方第二次整合的资料包后，继续就项目"质感"定位、运营策略的问题，进行深入思考、研究，继续调整、修正或提升自己的观点、看法，这样一来，在第三轮德尔菲创意征询中，专家们的意见越来越趋于一致，最后形成了关于"质感"定位、运营策略方面的两个主要建议。至此，德尔菲方法的任务基本完成近九成，可以进入具体决策判断阶段。

通过德尔菲方法，开发企业收获了两个类型的主要建议。

1. 在"质感"定位上，向上海新天地石库门、成都宽窄巷项目（或类似中高端项目的质量、档次、形象等质感上）靠拢，以"精致化的建筑立面、精细化的空间布局、精练化的景观风物"为标准，打造一个"做旧如旧，形旧实新"的高端旧改街区；在运营战略上，则采取"高举高打"的模式，以引入高端或中高端商业业态、经营品牌为主要商业供给端，以中、高端消费人群为主要消费端的基本运营方向，在川内文旅市场中形成该街区的高端差异化特色，其运营原则为"打造当地商业和人居的建筑回忆"。

2. 在"质感"定位上，向典型的旧改社区化形象的代表作"长沙文和友"项目（"文和友"在建设属性上可归于项目改建）看齐，以"主题化的生

简约策划 | JIANYUECEHUA

活符号、时代化的市井风格、博物化的消费集汇"作为表现，打造一个"旧里装新、新展旧色"的中端旧改社区；以引入中端或中低端商业业态、品牌为主要供给端，以中、低端消费人群为主要消费端的基本运营方向，打造以年代感叙事作为项目赋能的大众回忆型文旅特色街区，其运营原则为"展现老街丰富生活的特有场景"。

经开发企业分析研究，并综合管理部门的意见，认为通过德尔菲法获得的第一类建议，更加可取，原因有三。

其一，项目的建筑、历史、文化、人居及消费特点，综合了"清代、民国、现代、当代"之时代风格，具有较深的积淀，应通过精致的建筑立面、精细的空间布局、精练的景观风物等，作为"质感"的表现方式，体现中高端化的"做旧加旧"感，以尊重时代的特色。而以展现市井气象、消费场景等为主的中端化旧改，则过于追求怀旧、复古上的表现，对项目背后的文脉优势，支撑力不足。

其二，从川渝各城的类似项目来看，能一下集中几个历史时期，在建筑造型上既迭代又相融，在建设属性上以旧改内容为主，且既能体现"做旧如旧，形旧实新"的形象，还能具备本地化消费、生活特质的街区类项目，还是很稀缺的，值得进行首改、首建。

其三，在运营上，应充分借鉴以"取法乎上，得之其中；取法乎中，得之其下"（学上品，得到中品；学中品，得到下品）为基本开发方针的城市文旅项目发展经验，不但要在空间、外立面、景观等质感上，打造具有精品感的建筑群落，还应该采取"高举高打"的模式，引入中、高端的商家业态、经营品牌，吸引中高端消费者进入项目消费。若"高举高打"出现问题，还可有"乎中、其下"的退路（调整转换为中低端定位），以保持稳健的运营。

之后，开发企业又借助德尔菲法，将第一类建议结合上述分析，又发给各位专家，进行结论化分析，并收获了更多有利观点，在对这些观点进行充分融合后，形成了具有决策作用的定位策划和运营策略，以指导后续工作开展。

后来经了解，开发企业在后续的项目开发中，正是采用上述决策，指导 D 项目的旧改规划和建设开发，突出打造精品化的"质感"（开发方甚至邀请了掌握古代传统建筑构造技术的专业工匠），让整个项目在"做旧如旧"的基础上"焕然一新"，并引入了相应的中高端商家、品牌，打造适合中、高端消费的运营环境，还顺势推出了以"当地商业和人居建筑回忆"为主题的品牌形象。

但项目在旧改落成后，因定位于中、高端消费，其引入的商业业态、经营品牌，在经营价格上，对于当地及周边城市的消费主流来说，显得过于昂贵，所以出现了较严重的消费流量不足。

但根据"取法乎上，得之其中"的运营发展经验，项目在其后续的运营中，采取以退为进的策略，主打中、低端消费（部分高端），并借助街区已实现精品化"质感"的形象，策划打造出当地"首席迎宾接待地"的品牌形象，迅速依托中低端消费人群，形成了稳定的经营状态（相关策划内容，详见后面的具体案例讲解），实现了可进可退、可攻可守的战略灵活化，体现了德尔菲方法可靠的创意生成、创意支持作用。

对于策划初入门者，"个人接连式创意法、多人头脑风暴法、多人德尔菲法"这三种创意生成方法，并不是很高深的创意方法，但其在应用上相对其他创意方法，更加简约有效，实践性更强、效率更高，能将这些方法用顺手的关键，在于"常用"二字，因为常用常熟、常用常新，只要坚持使用，保持长期主义，从尝试到熟悉，将会是一个很快的过程。

六、简约策划逻辑五：有保障

在寻找到真问题、想好解决的方向、找到可资利用的资源条件、形成创意策略之后，就需要对这些创意策略、手段，进行有保障的实施。做到有保障的难度并不高，远比前面的各个基础逻辑和步骤，要更容易一些，只要做到以下三个方面的主要部分，即可有效推进简约策划的全面实施。

首先，是要清楚简约策划介入的三种不同作业状态，只有了解不同的工作状态，方能推进策划效率提升；其次，对简约策划形成的创意，进行合理的筛选，选择出最适合的创意策略（主要受企业成本的约束），以及对创意策略进行搭配使用；最后，搭建开展常态化简约策划的常态准备平台。只有落实、做到，方能叫作对策划工作有保障。

（一）明晰三种介入的不同状态——保障效率

笔者经常遇到少数"很急躁"的策划专家、策划达人，他们在面对一些策划项目时，经常会有以下"急躁"的表现：有人刚把相关的项目背景、问题状况、企业需求等内容，做了一个初步解说，这些专家、达人，就会立马进入"精神亢奋"状态，高喊着"你们项目的问题很严重、你们企业已经遇到大麻烦了、你那个项目很危险……必须进行全面策划，才能拯救之、挽回之……这样吧，什么都不要说了，我作为策划界的专家，这边先给你们进行一个整体策划、出具一套策划全案"！

此中，一部分人是真的出自情怀或责任感，而有些人，则纯粹是为了牟利而装腔作势。但是，出自情怀也好，为了盈利也罢，对策划介入的状态不加分析，那种动辄就要"写一套策划全案"，动辄就要"从市场调研、消费分析、竞争研究、产品卖点、形象创新、渠道设计等各全方位入手"的表现，既不符合策划的效率原则，也与那些"以追求方案数量为目标，依靠剪切、粘贴等手段，批量复制方案，来广撒网、多打鱼"的急功近利者，区别并不大。所以，简约策划的介入，并非动辄就要"策划全案"，仍然要看介入时的不同状态。

按照企业中策划管理的一般情况，当问题出现后，需策划介入时，主要有三种作业状态。

第一种状态，是企业在其新产品、新服务或新项目未启动之前，或正在启动当中，就遇到了相应的问题，需要通过策划介入来解决。在这一状态下，需要从策划最前端的信息收集调研进入，进行全程的策划信息收集、施策对象分析、施策方法研究等。例如从最基础的市场调研、消费分析、竞争研究等方面开始，直至分析研究企业内外部环境、产品或项目的特征和卖点、品牌形象影响力、市场拓展和销售渠道等经营管理的主要方面，来研判企业遇到的问题，是假问题或真问题，思考解决问题的方向，是困于迷惑，还是方向失准，推敲是从预设的直接方向或间接方向，还是从制造条件下的机动方向，进行突破，寻找到可借助的资源条件，形成有效的创意对策，有保障地实施。此时，就需要进行相对完整的策划及方案撰写。（而简约策划并不要求按传统的思路，像记流水账一样，把企业需求、市场调研、消费分析、市场环境、宏观背景、企业资源、竞争环境、策划目标、费用成本等内容，通通都写出来，只要求对如何进行分析和推论，能说出相应的要点。对于初入门者来说，了解和掌握研究、分析前述内容的相关手段，与采用简约策划也并不矛盾。）

在提供全面策划前，一定要进行深入交流，了解对方现阶段对策划的真实要求，以更合适的工作方式进入，方能保证策划的效率支持作用。从企业的实践来看，这种需要提供全面策划的机会，主要集中在企业新产品面市或推出新项目之前，而能高频度推出新东西、新内容的企业并不多。然而企业一旦要出新品，往往会很明确地提出全面策划的公告和要求，吸引大量的各类专业策划机构、专家前来竞争，此时，策划初入门者就要认真掂量一下自己的真实水平了。

第二种状态，即策划介入时，不需要从信息收集调研端开始，而是直接开展施策方法的创意、研究（想方向、整合资源条件、形成创意等），主要是企业的新产品、服务或项目已启动，但在运营中却遇到了新问题，需要策划介入解决。

企业方面已清晰地知晓其面临的真问题，并且问题已经影响到具体的运营工作，想更快、更有效率地解决。这也是简约策划能在多家企业尝试时，受到欢迎的根本原因，即面对问题时，能更讲求效率。

但建议对该状态下企业遇到的问题，还需进行一次情况梳理，再度审视问题的真假性。主要在于从策划方的主动视角，进行分析评估，有疑问则提出交流，不强求企业方认同，无须过度陷入沟通环节（并不耽搁整体效率），只需以自己的看法与企业反映的问题进行印证，以求更稳妥。同时，因为企业的产品、服务或项目，已经开始运营，相关前端信息，多数也能从企业处获取，可进一步直接介入方向设定、资源条件寻找和创意生成。

这种状态相对第一种状态，更多一些。很多策划从业者经常会遇到，且会比较纠结，因为产品、服务或项目没入市之前，企业往往未料到将出现新问题，更不会借力于专业人士，作提前的预防筹备。直至遇到麻烦了，才会想起找策划来，令人颇为无奈。

此时要迅速介入，多少有些措手不及，而采用简约策划思维，直接进入方向设定、资源寻找、创意生成，方能从中感知对效率的支持作用。企业遇到必须解决的问题了，不加快解决的速度，其盈收要受到更大的损失，简约策划在此能展现更高的应对效率，必然受到企业人员的欢迎。当然，从策划人员的角度来说，此间的挑战，虽能于企业遇到麻烦时，有效展现自身的专业能力，但往往这种状态下的策划工作，企业对其质量、速度、效率的要求很高，往往身心俱疲把任务完成后，企业也会反复吹毛求疵，对此，应提前做好与企业的交流。

第三种状态，就是不需要分辨真假问题、无须斟酌解决方向、不必寻找资源条件，而是直接开展创意策略的思考，这种状态属于策划介入最多的一种状态。不少甲方企业找策划机构、广告公司、规划机构或咨询机构，要求"做创意、做方案"就是这种状态。前面涉及的问题本质、解决方向、资源条件等，企业方已全然掌握，基本不需要重新思量。这类策划往往出现在产品、项目的经营，需要获得进一步的支持或突破的时候。

因为不需要从信息调研开始做全案分析研究，策划工作的精力，主要集中在"临门一脚"的创意策略突破上，所以投入的成本、精力没那么高，往往将吸引大量策划机构、专业人士的参与，形成"千军万马过独木桥、一个绣球万人抢"的竞争局面。而此时，正是考量策划能力、水平高低的时候，策划方需要采用高效的创意方法，以开放、积极的心境，有效应对竞争对手提出的创意思路、手段、措施、策略，也需要拿出手中的高招、大招，在策略上与各路对手一比高下。这一策划的介入状态，也是策划初入门者不断提升实战经验的时候。

由此可见，那种对策划介入状态不加分析，动辄"就写一个全案、来一套全面策划"的做法，很不可取，不仅会严重影响策划效率，还会浪费企业方大量的时间和精力。所以，在正确的时间、做正确的策划，讲求事半功倍，正是简约策划方法倡导的实施保障观。

知晓以何种状态进行策划介入，以不同应对来提振效率

（二）对创意的筛选——保障质量

之前笔者曾看到，某些企业的策划高手，采用简约策划方法应对一个具体问题，能形成了多个创意策略，且每个创意都比较适用，一般来说，在常规的策划工作中，就一个问题，形成多个创意对策、措施，是没多大问题的。

但有时候创意太多，反倒成为一个麻烦，毕竟企业的成本、管理的精力有限。到底采用哪一个或哪几个创意？或哪个创意是主要的压轴戏，哪些创意是辅助的配合戏？怎样让创意形成效果放大、叠加的提升效果？就成为实实在在的考题。怎么筛选创意、把创意用好，是简约策划实现"有保障"的第二个关注重点。

一个从业超过五六年的策划人员，在面对同一问题时，基本会形成两至三个创意策略，其出发点，是为管理者提供一定的可选项，并且这两三个创意，多数也经过其筛选，认为领导能接受、自己也能实施。这种情况下，创意策略的筛选标准，主要取决于策划者自身及管理者的从业经验，这种经验也是多年职场打拼，所积累的结果。此时的筛选标准及筛选质量，就集中于人力资源招聘时，对经验丰富者的选择（在德国，要求策划的职场经验应丰富，有的岗位甚至只招聘40岁以上的从业者，因为一些行业所需要的策划经验，必须非常老练，太年轻的人，往往创新力和经验力都不足）。

而某些企业的策划部门比较大，人员相对较多，在一些重要的产品或项目策划上，企业管理层要求提供的创意策略是越多越好，可让管理者有更宽的选择域，以减少决策风险、提升策划效能。据笔者观察，这类企业的策划部门，平均一次性产生的策划创意，往往会多达十几个。这么多的创意放在一起，不一定能比较出很明显的优劣感，但每个创意的质量总是不同的，所以必须进行筛选，选出最符合要求的创意策略来。

除了应符合"企业的战略、战术",以及"成本约束条件"这两个最基础的标准之外(依靠这两个标准来筛选创意,相对更容易一些),笔者还在此提供一个筛选的标准排序,以供参考。(一般来说,在成本约束下,符合前三个筛选标准的创意策略,基本问题不大。)

1. **创意要放到适用的地方(看场景)**。例如北方某市CBD中有一个较知名的城市雕塑,在之前较长一段时间里,该雕塑与周边建筑相比,显得非常高大,代表了城市的形象和精神,但现在因周边的建筑都很高大,雕塑就相对显得较矮。一家以男士为主力客群的健身公司,在推广宣传其品牌时,想利用雕塑相对显矮配合宣传。其创意策略是,用蓝绸缎将该雕塑全部包裹起来,然后请客户中的健身达人,赤露着上身的发达肌肉,一起为雕塑"揭幕",扯下绸缎,预示着城市男性新形象的"崛起"。可想而知,此创意虽可作为宣传品牌的行为艺术,但其所在场景是城市CBD,且其主题也涉及性暗示,所以管理部门没有让其实施。

2. **创意要用到适当的时候(择时机)**。例如某国际户外运动服装,想在重庆市推广其新款夏季运动服系列,准备在当地举办一场数千人参与的城市步旅活动。若按该公司在其他国家的计划和经验,六月正是借户外活动推广夏装的最佳时期。但巴渝地区夏季酷热,从五月下旬起气温即迅速上升,若是举办多场中小型的户外推广活动,还有可能成功,但要举办数千人次的大型户外活动,光防暑降温、医疗安全等,就是一个成本"浩大"的不确定性风险。且从六月起,当地各类夏季消费的推广、促销活动,也将越来越多,各类广宣信息如潮,互相交织,市场上的信息湮没效应突出,所以该企业只有放弃,另做其他计划。

3. **创意要应对合理的人物(盯对象)**。例如某家新成立的金融证券类投资机构,为吸引客户前来了解其金融服务,欲筹办一些高规格的会议销售活动,通过邀请知名财经学者、金融专家,进行现场讲授,提升投资类客户的合作兴趣。但在会议活动策划、实施中，该机构才发现真正的问题：一方面，受邀请者规格较高，但实际上发出邀请后（甚至是付费邀请），很多规格较高者，都不愿意接受出席活动；另一方面，来参加会议的一些所谓"客户"，也不是其期望的准客群，多数是一些喜欢凑热闹、白听课的人。原来，这家机构预期的准客户，绝大多数都是金融证券方面的熟手，早已谙熟"投资利益不可均沾"的利益分享原则，根本就不相信那些专家、学者能将"自己用来吃饭"的关键信息、方法和经验，对大众分享；而真正有金融投资特长的专家，更不会将自己的招数，轻易示于旁人。

4. 创意要服务于关键的节点上（做判断）。例如西南某外贸公司，在"一带一路"重要干线"渝新欧"铁路全面搭建的信息出台之初，就预计未来西南地区与欧洲相关国家，将开启陆路物流快速通关的大门，中欧物资贸易将有力提速。但由于市场上的"聪明人"太多，他们会主打中欧商品贸易牌，未来西南地区对欧物资出口的竞争，也将进一步加剧，所以不必将眼光和精力，全部集中于中欧商品贸易上。而未来国内启动中欧铁路联运的省市，也将越来越多（受益于铁路基础设施建设），企业在下一阶段的业务大方向，应着眼于"在这些地区积极开辟中欧贸易通路时，为其提供深度的专业咨询服务"。该公司坚持推进该策略，于2011年后，主打"帮助地方及各类企业，打通中欧陆路快速贸易"的外贸咨询服务，不但有效规避了当地外贸竞争的红海，还成为推动跨洲大物流的领先型信息咨询企业。

5. 创意要坚持以小博大的原则（控成本）。如某国际平价超市，当初受到全球大型超市巨头的竞争打压，差点破产，但坚持"以小博大"的策划原则，以成本可控为创意策略，有效吸引了大众流量。其在与巨头的竞争中发现，若坚持平均、综合化的产品价格，则根本不是巨头的对手，所以将竞争重点集中在了两方面：一是分析筛选出大众消费者在各类超市中采购量最大的六十多种商品作为主打，如相应款型的面包、品牌饮料、蔬肉食材等，并在主打产品上，极致化控制成本，打造当地最低价；另一方面，对其他商品删减后，所形成的空余销售面积，进行集中应用，使之变身为"低廉超市＋家庭厨房烹饪中心"，引入可将该超市现销的食材，加工为家常菜的烹饪中心。消费者全家可在"专家厨师"（超市员工培训为专业厨师）的指导下，自己动手烹调，享受全家劳动的乐趣，吸引了巨大的家庭消费流量。

6. 创意要在技术可控后方能持续（稳技术）。例如重庆和成都的两家不同的小面品牌加盟连锁企业，之前成都那家企业较有资金实力，在推广加盟连锁时，其标准化运营、加盟招商、品牌推广、媒体公关等，均高价外包给所谓知名广告、营销机构，再加上前几年生意不错，现钱不少，所以也未重视自身策划能力的建设。但受到新冠疫情影响后，由于后续盈收乏力，所以无法继续外购推广、营销服务，导致其加盟宣传出现很大停顿。而重庆这家企业，平常在重视自身策划能力建设的同时，企业主要通过人脉关系，借品茶、吃饭、喝酒、联谊等友情牌，汇集了一大批愿主动、积极为该企业出谋划策的专业人士，其虽受到疫情的一定影响，但其关于加盟连锁的策划推广一直未停顿，还拓展了更多的加盟企业（该创新案例的相关策划内容，详见后面的具体案例讲解，这里仅是其中一小部分内容。）

7. 创意要与大消费环境相契合相包容（能和谐）。例如某国的某个知名旅游地区，其山川秀美、风景秀丽，且陆路便利，异域风情一直吸引中国消费者不断前往，且当地餐饮也颇具特色，擅长将热带草药入菜，以煲汤、炖烧等闻名，号称"有嚼头、药味足"的养生食膳，吸引了不少国内年轻消费者专程前往打卡品尝。当地旅游机构为进一步吸引中国客人，也在推广中继续强化其餐饮"有嚼头"这一特色。但近年来，专程进行餐饮打卡的国内消费者并未出现较大增长，反倒下降。后究其原因，近年来中国到该国旅游的消费主力，已由当年的年轻消费群为主，变为以家庭型消费为主。而当地菜品在不断宣传"有嚼头"的同时，也强化了当地菜品"要硬、要韧"的烹饪要求，让这些家庭消费者中的老人、小孩吃起来不舒服。旅途餐饮可以档次不高，但不能吃了不舒服（引发牙痛、胃痛等）。该国的另一旅游地区，了解到这一现状，邀请中国的广告机构，同样以热带药膳餐饮为宣传主题，但主打"家庭食疗、老少皆宜"的卖点，借助中国互联网，在美食直播中推出适合老中青少口味的地方美食，立马成为吸引中国消费者的新热点。

按照上述标准，结合企业的具体要求，对不同的创意进行筛选，能更加稳妥地选出一个或几个有利的创意策略。但有朋友可能要问，如果选出的几个创意策略都比较适合，那怎么办呢？到底哪一个才是主要的压轴戏，哪几个才是起辅助作用的配合戏呢？这种情况，很多策划人员都遇到过，选了几个创意出来，领导一看，认为都很好，但往往会叮嘱了一句：再想一想，在其中拿出一个当主角，其他当配角，要突出主次性。

以实践中总结的标准来保障质量，"土办法"也有效

这里也提供一个对意图相同或接近的创意，进行主、次搭配的基本评估标准：在几个同向创意都需要实施的情况下，首先，根据企业的任务观，

来进行主次关系搭配；其次，根据企业需要综合展示的核心能量、核心能力来进行搭配；再次，需体现企业对各类优势的整合或掌握能力；最后，以突出产品、服务或项目的差异化特色为主。

以某汽车主题产业园（汽车制造＋赛车公园＋体验展博＋汽车销售）的开业活动为例，其活动策划时，就出现了这种情况。策划人员在关于开业活动的创意策略中，为园区管理方筛选出三个主要创意：第一，邀请某知名国际赛车队的队长，为园区开业揭幕，现场签约代言并担任园区汽车赛事的总顾问；第二，在园区内的赛车主题公园，举办一次场地竞技大赛，展现园区主产的品牌汽车的优良质量；第三，邀请粉丝量达数百万人的某直播达人，在提前宣传预热的情况下，以百万级粉丝观赏状态，进行一次大型的在线直播。

园区管理方认为这些方案都很不错，实施的费用也不是问题，但三个创意总有主次之分，若将三个创意活动组合，全部打包放进一个整体中，一次性实施，则总体效果将大打折扣。一方面是三个创意各自的最大优势，得不到全面发挥，知名赛车队、场地竞技大赛、直播达人这三个重要因素间的宣传影响力，不易形成整合、叠加的提升效果，再加上消费者每天都要面对着信息大爆炸的社会环境，总需要有一个品牌记忆的重点；另一方面，若三个创意放在一起同步实施，则园区宣传时所需要的较长时效，也将大打折扣，与其昙花一现式的宣传，不如将三个活动分开实施，步步相连，形成一定的宣传时效。

园区对三个创意进行了主、次之分。第一，以其任务要求为标准，本次任务的重点是宣传园区开业，展现园区整体的形象和优势，包括展现园区管理方的经营实力，那么在车队签约、竞技大赛、达人直播三者之间，能更充分展现盛大开业氛围、体现园区整体内容、管理方运作水平的活动，主要还是场地竞技大赛。

第二，园区需要综合展示的核心能量，即园区的主要优势，是重在由知名品牌汽车制造企业，结合赛车公园的体验、汽车驾乘学习，以及现场名车展示所形成的，以总体产业链、公园体验、驾乘学习、技术服务、品牌展博、消费购买、产销一体等核心服务，所形成的产业张力和消费吸引力。在三个创意之间，场地竞技大赛正好可以充分、全面地体现这一核心能量，因为场地赛既需要专业的汽车产品、技术指导、产业链服务支持，又能充分展现汽车品牌的质量和形象、引入消费受众参与、展现购销双方交流等多方面的优势。

第三，园区认为，应体现园区对主导优势的整合掌握能力，就这一点来说，与知名的国际赛车队合作乃为优选。因为除了赛车队的国际化形象，能更快提升园区的市场知名度之外，与其签订代言及顾问协议，则预示着与其所代表的研发、制造、物资、科技、营销、金融等国际化专业体系，将形成良性的合作关系，能充分展现园区管理方对产业链优势的整合实力，对园区未来的产业链优化和招商发展，有很大的助力作用。

第四，直接展现园区的差异化特色，因为粉丝量数百万人的在线直播达人，其粉丝群体，并非汽车类产品及服务高频率购买型的粉丝，但综合其在各互联网平台上的粉丝总量，其受众人群的基础已算很庞大，这对于展现园区内的硬件、软件等各类差异化特色，及园区形象，也有很大的帮助。

所以，经过评估，园区在策划人员提出的三个创意中，选择了举办场地竞技大赛作为开业策划的主题内容，围绕汽车竞技大赛，进行了大力的包装推广，有效地打开了园区的宣传局面。之后，借助竞技大赛成功举办，且要在今后持续举办，并升级为国际赛事，将与国际赛车队签订代言及顾问协议，作为次要的辅助活动，有力地提升了园区在行业内的知名度和招商成效。同时，借助粉丝数百万级的在线直播达人，分别对前述两个策划活动进行了多场连续直播，起到了有力的引流效果。总体来看，就是将三个创意内容，组织为两次较大的活动，其间，将直播活动这个辅助创意，作为两次活动的重要展示渠道，形成了创意效果叠加倍增的作用。

（三）对常态化创意平台的搭建——保障稳定

简约策划虽简约，但其中的"成创意"也有其特殊性，在于创意策略的发想、形成，需要保持一种长期、积极、可持续的稳定型工作状态，策划在企业中并非只进行一两次，而是一种长期、常规化的运作，万不能形成一种"今天有兴致了，就来想个创意，明天有感觉了，就再来想个点子，但后天兴致、感觉都不够，就一个主意没有"的松稀摇摆状态。这是推进创意策划常态化最基本的保证，即管理心态的常态化，只有形成这种坚持不懈、久久为功的心态，方能保证对策划创新的常态稳健支持。

除此之外，为保障创意策略形成的持续、稳定性，需要将各种支援、支持创意的要素整合起来，形成常态化运作的准备，相关准备还可以从以下几方面入手。

第一，组织常态化。组织常态化不单指在企业内部设立策划部门，还有另外三个意思，其一，应引导全体员工积极学习市场策划，掌握市场策划能力，上下各级形成随时采用策划思维，来分析、研究遇到的新问题、新状况、新现象。其二，不但要全员灌输策划观念，也要重视内部策划力量的组织，除了专职的策划部门外，还要经常观察内部一些感悟力强、思维灵敏、方法灵活的员工，在专职策划之外，引导这些员工参与或接触策划工作，逐步在企业内部扩展策划的专业氛围，形成重视策划的总体环境。其三，要为策划工作提供相应的场所、设备、费用、人力资源等综合支援工作，让企业能随时进入策划状态。

第二，资源常态化。这里所指的资源，主要是指在进行策划分析、研究时，所需要的市场形势、消费走向、竞争状态、行业趋势、宏微经济、技术条件等外部环境信息，以及内部关于管理、运营、人力、技术、资金等方面的内部环境信息，包括相应的理论知识体系，应为策划工作的常态化提供这类信息、知识的支持。而在某些企业，正需要企业提供相应支持时，企业管理者永远一副爱理不爱的样子，表示"对这类资源，公司是不可能给费用、给人力的……这个是策划自己的事情嘛"，甚至认为"不是给策划人员发了工资的吗？让他们自己想办法！"这类企业往往也不会有多大作为，能中规中矩地保持守成状态，就算很不错了。而很多成功企业，很乐意提供这类资源，特别是一些涉及市场、消费、竞争等小数据类的信息资源，将为策划工作提供了非常有力的支持。

第三，智库常态化。一些优秀的创意策略，主要由企业内部人员，加上邀请的外部专业人士，所共同创作的成果，这些外部人士主要包括大学院校学者、研究机构专家、行业资深人士等，他们与企业合力，在理念上互相砥砺、创新上互相激发，让不同的跨界专业知识，激发出神奇的美第奇创新效应，能产生出乎意料、奇趣横生的创意成果。与他们应保持常态化合作，切勿遇到麻烦时，才想"临时抱佛脚、随机性邀请"。企业应搭建自身的专家智库，邀请外部人士担任智库专家，主动采取以人脉友情关系为主导，主打联谊等友情牌，来营造合作的情感基础。一方面可以省成本，另一方面是这些专业人士手中并不缺钱，人家愿不愿帮忙，主是要看人看感情。

第四，合作常态化。企业策划工作经常涉及产品分析、消费访谈、市场走访、网络调研、物料制作、广告发布、信息推广、新闻报道、平台建设等内容，必然要与各类上下游供应商合作。但某些企业的态度是有了策划任务时，再找合作方，大量精力投入到与新结识者的交流、谈判中，对于对方能提供哪些最新的技术、产品或服务，也缺乏同步了解，影响策划效率。对于这些合作类资源，应建立常态化的合作库，为其中的主力合作方，形成动态化的信息档案，并通过招标，与其中的优秀者，签订长期合作协议（两年左右），以备随时合作，保障合作效率和成本优惠。

第五，制度常态化。主要是指两个方面，一方面是要形成在内部培育、发展、壮大策划这一企业核心能力的制度、文化体系，激发上下员工的策划意识、策划习惯。例如，某企业在其培训制度中，要求各部门在进行岗位专业培训之外，还要对市场策划、营销管理、品牌推广、战略规划等多元内容做培训；另一方面是指对于具体的策划工作，应在岗位职责、运作流程、方案内容、创新方法、技术手段、知识储备等方面，形成系统化、程序化的工作指导和管理制度，让企业内部形成标准化运作规范、标准化工作逻辑和标准化的交流方式，进一步提升策划协同效率，提升策划工作面向不同产品或项目时的适应性。

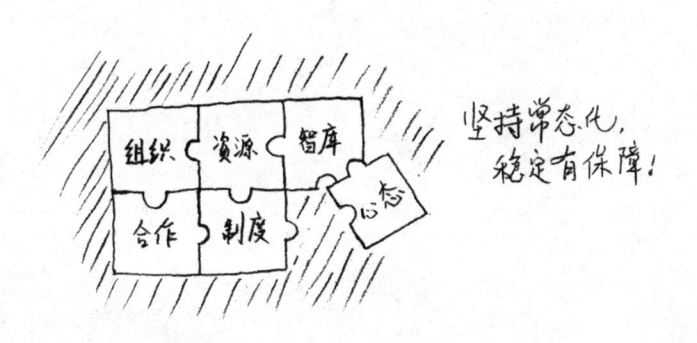

什么是常态化？常态化就是能随时用上的平台

总体来说，清晰地了解策划介入的作业状态、对创意进行恰当的筛选和组合、常态化进行策划创意，这三个方面的工作并不困难，能保障创意策略的正常实施。但要做到真正落实，不但需要企业管理者的坚持，还需要唤起全体员工的共识，逐步建立起基于企业文化的持久习惯，形成一个能尊重策划、尊重创新，包括尊重员工所展现的天马行空、异想天开的观念、想法的内部环境，推动全员共同参与简约策划的全过程，并让全员持续感受策划的作用，方能将对策划的自发学习和应用，升级为对策划的自觉学习和应用。当大家都拥有更专业的策划能力时，企业的核心竞争力，就能得到更有力的保障。

第六章　实践范例

　　简约策划这套策划"体系"从形成之初，到应用于三百多家企业的市场实践，其总体的反馈是很实用、易学，特别适合于策划初入门者，能更快地帮助其从初步入门水平，进阶成长为中级或熟手水平，并促进其在更有效率的分析研究和方案写作过程中，能更清晰地知晓策划的推论逻辑，主动思考策略的创新、灵活的选择和应用策划方法。

　　而那些中级水平者及熟手们，在了解或应用简约策划后，认为这套方法对他们的工作也是大有裨益。一方面，是在其专业能力较强的情况下，能节省更多的工作时间；另一方面，可助其更清楚地认知策划起点（提出问题）到结束点（形成策略）的全过程，巩固方案写作的逻辑，优化其良好的思维习惯。

　　有不少采用该方法的企业指出，这一套理论观和方法论，不像某些学术专著，动辄就来一大堆排山倒海式的系统理论，让学习时效耗费过长、知识消化太慢，也不像某些"江湖名师"，故作神秘莫测的"神仙表述"，让别人学了半天，却不明就里、不知所云。简约策划是实实在在地做到了内容简约、逻辑简约、方法简约，容易看通、看透、看懂。

　　前面的各章节中，已经讲述了简约策划的缘起、形成过程及基本内容，为了让大家更好地掌握这套方法，本章集中推出六个采用简约策划后，取得成功的实践范例及说明（主要是与生活消费密切相关的日常行业及产品），让大家在这些实践范例中，更好地观案例、想理论、悟方法。

　　要想说得好，也用得好，那么说的这一套，就要做到这一套。这里推出的实践范例，务实、中肯、耐学，不乱夸海口、不遮掩不足，更不是那种"今天要推平喜马拉雅，明天打通地球轴心，后天要发射万颗卫星"一样的嘴瘾创意、奇想怪谈，值得认真一读。

范例有相对简单的，也有较复杂的，有体现简约策划全过程的，也有体现简约策划部分过程的，将简单、复杂、全面、部分等综合一体，以便读者深入理解简约策划。（为维护相关单位的商业机密及技术隐私，避免广告宣传嫌疑，对范例中的相关区域、企业、产品、项目、文化等称谓，以及相应的关键词汇、概念，均采用化名、代名。同时，除笔者参与的策划内容外，其他的策划范例，均以第三方观察的视角表述。）

一、A牌面包：专治小孩不吃菜
（一）背景说明

A公司是西南某市小有名气的地方烘焙品牌企业，主打产品为各类型的A牌面包西点系列，多年来在当地经营口碑一直上佳，市场份额居于主流前五位，深受消费者青睐，不少家庭都将A牌面包作为佐餐零食的主要选择。因其产品质量上乘，A牌面包也多年荣膺当地的驰名品牌称号。但随着近年来烘焙行业的技术门槛不断降低、经营模式日渐成熟和食品消费逐步升级，烘焙同业在当地也是与日俱增，各种新加入的企业，在产品上推陈出新，不断侵蚀A牌面包的市场份额。该公司管理层也比较重视这些情况，但未预料到的是，在委托第三方调研机构进行行业调研后，发现其市场份额竟已退出了前五名之列，而从消费者处调研到的信息，也认为主要是由于A牌面包"品种和口味没有之前那么丰富了，产品的总体品质有所下降，价格持续上涨影响家庭主妇购买的意愿"这三个原因所致。这一情况急坏了A公司管理层，希望赶紧想出办法，解决这个市场份额和消费认知问题。时间紧、任务重，于是A公司认为需采用笔者建议的简约策划方法，以尽快提出相应对策。

小朋友从此爱吃"菜热狗"，
走治不吃菜！

策划，改变蔬菜在小朋友面前的命运

（二）简约策划基础逻辑

1. 第一步"真问题"

出现在 A 公司眼前的"问题"，是"面包产品缺乏创新、品质下降、价格上涨过快，加之市场竞争加大，所以无法吸引更多客源，失去相应的市场份额"。这一问题到底是真问题，还是假问题，不能因邀请了所谓具有独立视野的第三方做了市场调研，就单方面地认定问题就该如此。若仅靠一些间接信息、数据，容易形成无法反映现实的主观臆想，将间接信息、数据，与亲自调研的信息结合，才更加精确，才能逐步发现、找出问题的相关原因，对症下药，设置解决问题的方向及找到相应的资源、条件。

按照简约策划分辨问题真假的方法：亲自调查、具象集中、一问到底。

第一，A 公司相关市场策划部门的人员，就竞争对手和自身企业的产品情况（从各家西点销售门店、线上订购平台等），亲自进行了调研。首先，发现市场上 A 公司的主要竞争对手（市场前 20 名的同类烘焙企业），在产品的品种、口味等创新丰富性上，并非都领先于 A 企业，反倒是 A 企业每季度能推出三至五款新品的步伐，要高于主要对手的平均水平；其次，

简约策划 | JIANYUECEHUA

在随机邀请当地近千名消费者，对 A 公司及对手的主力产品，进行品牌盲测试吃后（所有试吃产品，均无厂家品牌提示），发现消费者在试吃口感、质感反馈中，对 A 牌产品的评价亦不低，认为 A 牌品质有明显缺点的极少；最后，对价格标准调研后，发现 A 牌面包的平均价格，要低于主要竞争对手，虽受通胀影响，A 牌面包每年均有调价，但并非只有 A 公司一家涨价，对手产品的平均价格涨幅，均高于 A 公司。经调查，发现 A 公司之前面对的"问题"是不彻底的、有问题的，并非真问题。

第二，对亲自调研到的信息，进行具象集中。首先是在第三方调研中出现的所谓"消费者为何认为 A 牌面包品质下降"这一问题，对两次调研情况进行对比，发现这一"问题"主要是由于第三方调研的消费者样本，存在涵盖性不足、代表性缺失，该问题是一个可以排除的干扰因素；其次则是"价格持续上涨"这一问题，经调研发现，其产品价格上涨情况并未如"问题"所述，一方面，主要是受制于对手的销售话术（如不少对手在面对消费者相关疑问时，往往会回答"大家熟悉的 A 牌面包都在涨价了，跟着涨价也很正常"），另一方面，是 A 牌面包系列中，少数畅销、旺销产品的价格，上涨频率的确较快，上涨幅度也略大，让消费者产生了以一概全的误会；再次，就是 A 牌面包"产品缺乏新意"这个问题，经过亲自调研，发现 A 公司产品的创新水平根本就不低。带着对上述"问题"的印象，将两次调研的信息结合、集中后，最大的发现就是"近年来，当地消费者对 A 牌面包的印象，与其他竞品之间，不会主动地加以区别了，甚至经常混沌不分。换言之，正因如此，A 牌面包在品种、口味上的创新力度到底怎么样？在价格上的涨幅到底如何？在众多消费者心目中，已经没有前些年那种能独具一格的认知和感受了，所以才导致部分消费者对其产生抗性心理，导致多数消费者正'遗忘'A 牌面包，让 A 牌的市场份额逐渐下降。"

第三，为何市场上的消费主流，无法对 A 牌面包能形成独具一格、可区别于竞品的"认知"？A公司的管理层、策划人员，展开了"一问到底"式的源头性分析，对问题产生的线索，自我进行一番刨根问底式的连续发问及回答，直至找到最源头的那个问题。

问题1：为什么多数消费者对A牌面包的印象，不能像过去那样，更加看中A牌面包，并主动形成与其他竞品的一定区别？

回答1：A牌面包（及A公司）近年来，也一直在加强产品及企业宣传推广，产品也在不断推陈出新，但主要消费群体，还是缺乏对A牌的深刻印象和差别认知，说明在宣传推广中，要么是宣传力度不足，要么是推广内容出了问题。

问题2：说到宣传力度不足，A公司的宣传力度，是否比同等规模对手的力度更小？如果说到推广内容或策略，在推广内容上与对手相比，是否存在相应的策略问题或差距？

回答2：从宣传频率、媒体渠道、投放费用、受众覆盖率、准确性等方面，总体力度不低于同行，甚至在当地也算前三名。但说到推广内容上，邀请了不少消费者、同业代表、行业专家、媒体朋友，对近几年的主要推广宣传内容，进行了评估，感觉颇有自说自话，或跟随舆论大流的感觉，同时，在品牌形象上，也未形成与对手之间的强烈对比。

问题3：既然宣传力度不小，但宣传内容存在策略问题，那么在内容的策略问题上有什么具体表现呢？

回答3：主要问题还是没有形成自己的特色，例如前几年国内小盒装慕斯西点流行，就跟着大上慕斯类西点；发现培根、火腿类面包流行，就主推培根、火腿类面包；后来认为奶茶配面包不错，又在各门店及线上平台，主推奶茶配面包……未在产品和品牌上，形成自己独特的差异化，进而未在消费者心目中，留下持续占据印象提及先机的位置，反倒与不少竞争对手混为一谈了，消费者不易进行区别。

问题4：对于形成独特的差异化，A牌面包的现存问题在哪里？

回答4：在产品上追随市场大流，没有拿出手的"硬核"产品；在宣传的主攻对象上，还是如同多年前那样，什么类型的消费者、什么人都要抓住，让推广四面出击、八面开花，但什么人都抓不住；在品牌上，缺乏给消费者一个印象深刻且立场鲜明的承诺，仍旧采用一些不温不火的中性概念，与其他一些普通企业没有区别。

问题5：针对上述情况，差异特色该如何形成？

回答5：打造差异特色的措施、策略很多，但集中起来，主要有通过控制降低成本，打造产品的性价比特色；突出产品特征、个性，借产品的主题特色化来吸引市场；集中为部分或特定消费者、市场，提供专程的产品和服务。而A公司的综合实力较强，可以在后两者方面，主打差异特色。

经过上述问答，影响其市场份额下降的相关问题的真假性，已经很清晰了。真问题集中在"产品、品牌和推广上，缺乏差异化策略"这一需要进行系统化突破的内容上。

2. 第二步"想方向"

通过前述步骤，已经找到了影响企业产品的相关真问题，那么此时，就应该为解决A牌面包的差异化手段不足，预设相应的解决方向。从前述分析来看，A公司的管理层在问题的解决方向上，并未出现迷惑或出现失准。所以，在解决方向上，将于直接方向、间接方向和制造条件下的机动方向，这三种方向上作出判断。

是否预设为直接方向：从A公司现有的产品体系来看，虽以面包为主，但已涉及西点系统产品中的主要部分，从面包到蛋糕等，市场上主要的各门类皆有，如果在产品上，仍以全面化推陈出新（即每季度推出不少新品种、新口味），作为差异化创新手段，则对产品研发及烘焙技术的要求过高，完全力有不足。

在其宣传推广上，仍想全方位地，将各类型、各层级的消费群体，都作为主抓的对象，也不是不行，但经过核算，若要针对当地的所有消费群，进行深入全维度的、各个群体都能充分覆盖到位的宣传，则推广成本将是现在的数倍以上。且竞争对手亦将作出同步的博弈行为，抵消推广的效果。

同时，如果在全面品牌（企业、产品、服务等）体系上，也推出全面差异化的新品牌形象，或进行整体化的品牌形象翻新，一方面需要市场花较长时间来消化全新的品牌形象，另一方面，也算是重新进行一次全面、系统化的品牌推广，其营销成本同样很高昂。所以，不必以直接应对的方向来解决。

是否预设为间接方向：从产品来看，每季度能推出三至五款新品种，相对当地市场的创新力度已算不小，但这样的创新没有焦点，每次新推出的西点、面包品种过于分散，没有形成以爆款产品来主打市场的合力。所以，必须将创新力集中在部分或少数产品上，通过差异化形成爆款产品和爆发力。

从推广上看，之前的营销与"全覆盖营销"没多大差别，即什么人、什么层级和类型的消费者，好像都能成为客群，但全面发力、四面出击的结果，是什么人都不能成为主力客群。所以与其"全覆盖"，不如将精力集中于企业的核心客群（高频率购买 A 牌面包的客群）进行差异化上的突破。

在品牌上，因整体品牌形象翻新（企业品牌、产品品牌）所需的时间、推广、试错等成本较高，所以，没必要进行全面的品牌差异化，应结合企业战略，面向主要的企业任务，针对品牌的关键部分进行差异化。

所以，在问题解决的方向上，A 公司准备采用预设的间接方向，但公司有部分管理干部认为这种间接方式，会不会太耗费时间？此时，A 公司管理层在全公司内部进行了较深入地沟通，希望广大员工沉住气、稳住心，保持戒骄戒躁的心态，认准发展的大目标，在实现目标的方法上，应采取灵活的态度，做好积极的支持与配合工作。

3. 第三步"寻资源或找条件"

为更有效率地在 A 牌面包的"少数或部分产品上，进行差异化创新，打造爆款；在推广上，更集中聚焦于相关核心客群；在品牌上，形成品牌关键部分的差异化"，灵活地寻找企业内外部的各种资源、条件，作为支持策划解决问题的有力臂助，是很有必要的。某些资源、条件很清晰，比较容易找到，但对于寻找有些资源，则颇为发愁，在尝试采用简约策划中的共轭特性分析后（事物、事务的虚实、软硬、潜显、正负等共存特性），寻找到了相应的资源条件。

在产品差异化创新上，归总来说主要有两个选择，一个是开发几款全新的西点产品，作为主打差异化特色的产品，另一个是在现有的热销产品中，选择几款产品，作为差异化创新承载体。经过分析，认为新开发的西点产品，要有一个从消费者知晓、了解，到爆款热购的过渡期，且在宣传上也需要投入更多的成本，所以还是决定从现有热销产品中，进行选择。那么现有的产品中，有哪几款处于热销状态呢？毋庸置疑，可借助的资源就是 A 牌面包各门店和在线平台的库存及现销数据，直接查询即可知晓。同时，进行有奖市场调研，听取消费者的反馈和建议（这也是可借助的资源），也能从中发现支持爆款的消费倾向。

在推广上，哪些消费者才是 A 牌面包现有的主力购买客群？这令 A 公司策划人员很头痛，因为近年来，A 牌面包在其销售门店和线上平台上，只注重销售，根本没有对之前所有购买过 A 牌面包的客户，进行基础的客户信息登录、管理，根本就没形成过对客户信息的系统管理（不重视市场研究、策划能力等企业核心能力建设所造成的）。所以，到底谁是主力购买客群？都搞不太清楚。同时，要在短时间内做到既能收集客户基本信息，又能建立具备储存、分析作用的信息数据库，光靠 A 公司销售门店、策划部等部门员工，是很难做到的。

在这种情况下，A 公司策划人员利用共轭特性分析中的潜、显分析，找到了可支持其在短期内，能专业、迅速地收集、储存和分析客户基本信息的资源——当地最大的一家电影院线。即这家院线经常搞打折促销活动，以弥补周一至周五白天放映时的观影空位，且该院线的管理方，也有想进一步提升促销宣传覆盖率，与 A 公司合作的意愿。

因为，从"显性"方面来看，A 牌面包各门店及在线销售平台，好像就只是销售渠道，但从其"潜性"来看，A 牌面包毕竟在当地经营多年，虽然份额有所下降，但当下 A 牌面包的消费购买流量还是较大的，在各门店及网络销售点上，往来的月均人数从未低于数万人，这一较大的流量，也是该电影院线所需要的，所以双方一拍即合。

而电影院的在线营销系统，具有扫描二维码、自动登录客户简要信息的功能，可作为 A 公司参加促销合作的主要互联平台，双方在合作中，能做到对信息的共享通用（仅需录入基本年龄、区域、性别即可，避免套取隐私）。这样一来，A 牌面包就能借院线的促销优惠活动（联合电影票打折），将扫描二维码、自动填报信息，作为消费者参与活动的前提（以电影票打折，吸引购买面包产品），既获得了主力客群的基础消费画像，又吸引了更多的消费流量前来。同时，结合各门店服务员的现场观察经验，完全能锁定其主力购买客群。

在品牌上的差异化，以品牌的关键部分作为载体，但什么才是关键的部分，连沉浸于具体经营中的 A 公司管理层自己都比较模糊了，所以还是要问计于消费者。也相当于将消费者心目中，对 A 公司、A 牌面包"潜在"的重要认知、倾向、概念等资源寻找出来，作为对品牌关键部分进行差异化的依据，因为不主动问计于消费者，他们也不会主动说出来。

结合前述中的有奖市场调研（包括调研未购买 A 牌的消费者），发现当地消费群体中，对 A 牌最强烈的心理印象，就是"A 公司是当地的老牌烘焙企业，更是一家负责任的企业，不但老百姓吃了多年都未出过任何问题，并且在数年来的各种质量检查活动中，A 公司凭借其优良的原材料质量、优秀的烘焙技术，一直都能挺直腰杆"。这一主要潜在印象，在令 A 公司管理层欣慰加汗颜的同时，也出乎他们的预料，一致认为，这就是其品牌能打动市场的关键部分。

4. 第四步"成创意"

通过寻找资源条件，A 公司决定以其近年来持续热销的混合面包（蛋糕）这两类产品，作为差异化创新的产品主角。所谓混合面包，与纯以面粉、奶油为主的纯味面包，以及用其他食材为内包馅料（像包子内裹食材）为主的包材面包，不太一样，混合面包是其他食材与面粉、奶油混合为一体，均匀地混合散布于面包内，各食材味道融为一体。A 公司之前主推的混合面包，是以果脯、奶酪、肉肠为主的食材混合，较受消费者欢迎。

经过客户信息收集、整理，发现其推广需面对的主力客群（受众），为 25～40 岁的家庭主妇，以及部分未婚青年女性（少部分男性），她们购买 A 牌混合面包的消费理由，主要还是与家人分享西点美食，以及 A 牌是健康的辅餐或零食。这一点，又与当地消费者对 A 牌面包的突出认知"A 公司老资格、比较负责任、产品优质、健康美味"等品牌观是契合的。所以，应围绕前述中的混合面包、家庭主妇、突出认知，来形成相应创意策略，以形成突破问题的抓手。

A 公司对上述创意策略的形成，采用了多人头脑风暴法，分别邀请了三组参与者来共同激发创新思想火花。每组头脑风暴会议的参与者，包括企业内部员工、策划部门人员、公司管理者、同行业员工及管理者（友好单位）、上游供货方管理者、消费者代表、广告策划专家、政府管理人员、行业协会人员、大学院校专家、媒体记者等,形成了较多元的思想观点来源(一共近百人,所以必须分为三组)。相关头脑风暴会议组织得力,效果非常不错,因参与者都对A公司抱有深厚的期望,每次讨论都很积极,每次开会的时间都超过三个小时,所以,每一组的会议都分别召开了三次以上,收获了非常丰富的思想、建议。A公司对其中的优秀观点,进行了归纳、集中和适度的优化,并通过筛选,形成了以下的创意策略。

在混合面包的差异化创意上,认为现在以果脯、奶酪、肉肠为主材的混合类产品比较多,且现在消费者的生活通识能力较强,果脯是高含糖物、奶酪和肉肠更是含高脂、高油,再加之面包的主料面粉,个个都可以说是具有高糖高脂的"碳水炸弹",虽然近期能比较热销,但消费者的健康观念是长期存在的,这样的产品材料配方,仅能算作是权宜之计,比较难以长久。而追求健康的材料、追求健康的食品、健康的餐饮等健康生活方式,则是市场上恒久、持续(主要指西点市场)的,但又在平常极易被忽略,且很少有人着手进行突破创新的一种追求,以更加生活化和大众化的、平常容易被人忽视的食材,来作为创新抓手,更有利于混合面包的创意爆款化。

同时,从推广主力受众为25～40岁家庭主妇的情况分析,其对消费购物的决策思考重心,主要集中于对家人的关怀、关注上,而购买食品的关注重点,更是以健康优质、生态环保等因素,作为主要的购买理由,并且,其最关心的家人,就是家庭中的小朋友。而3～12岁的儿童,也正是家庭中面包类食品消费的主力军。所以,以更生活化、大众化的食材作为创新抓手,将混合面包的食材主选题,创意为——绿色蔬菜,即开发利用绿色蔬菜作为主食材,生产以"绿色、低糖、低脂、多纤维、多维生素"为核心差异化特色的系列混合面包产品,其主要差异化卖点,主要面向小朋友这个消费群体。

那么，这个A牌混合面包进行推广的创意，定位为"专治小孩不吃（蔬）菜"（后因广告语精减原因，把"蔬"字删除），意即专门针对家中不爱吃蔬菜的小朋友，所推出的富含绿色蔬菜、更加健康营养的面包产品。并且，通过A公司技术人员的努力，不但开发出白菜、黄瓜、西红柿、南瓜、菠菜、芹菜、豌豆、胡萝卜、洋葱等各类型，以及综合不同蔬菜的杂菜型混合面包，还以其高超的烘焙工艺，在保留蔬菜绿色营养的同时，消除了小朋友们一般不喜欢的菜青、土荃味（这是A公司让竞争对手在短期内难以超越的技术壁垒），一边能让小朋友们吃得津津有味，一边也吸引了更多的家庭主妇关注，因为关怀子女的健康成长，正是家庭主妇们的消费敏感点。而"专治小孩不吃（蔬）菜"这个创意，能有力吸引面包购买决策者——当地家庭主妇的关注，再结合混合面包系列的持续创新，必将形成爆款效应。

对于品牌关键部分的差异化，则根据消费者主力认知的"公司老资格、比较负责任、产品优质、健康美味"等品牌观，头脑风暴创意出"A公司，专注健康烘焙"这一企业品牌新概念，以企业品牌形象，作为进行差异化创新的主要关键部分。摆脱了之前在企业品牌宣传中，与其他企业毫无差别、不温不火的中性概念，直指"专注、健康"两个内涵，为市场提供了一个全新的企业责任和承诺感。同时，对前述品牌的关键部分进行创新，不但能完全避免对整体品牌（从企业到产品）作全面差异化翻新后，造成的时间、推广、试错等成本投入，还能在未来逐步建立起"专注健康的企业——关注健康的客群——解决小朋友不吃蔬菜等问题的健康产品"这套完整的，由企业过渡至产品的品牌引导、承诺和说服体系。

5. 第五步"有保障"

要对创意策略的实施有保障，首先要清晰简约策划介入时的不同作业状态，从前述情况来看，A公司策划介入时的状态，正是处于第二种状态，即企业产品已处于运营中，虽然需要收集相应的市场信息，但主要还是直接进入施策方法研究（想方向、整合资源条件、形成创意等）为主，所以企业上上下下，对简约策划解决问题的态度是非常重视的，才能组织各种力量、要素，集中来进行解决，提供了从指挥、协调到心理上的各种充分筹备，将高概率形成事半功倍的成效。

同时，按照创意筛选的标准，如创意策略是否适合家庭消费场景、是否需要差异化来突围的时候、是否符合其主力客群"家庭主妇"的消费意愿等正确的场景、时间、对象、节点，对前述创意进行了集中筛选，并按照"企业品牌创新，到准确定位客户，再到产品差异化落地"这一过程，对创意策略的层级和递进逻辑，进行了合理排序，将有助于创意策略的有序实施，形成效果叠加。

由A公司从分析研判问题真假性、选择方向、寻找资源条件、形成创意等过程，都能看出来，其对策划工作的指挥协调，以及相应组织常态化，虽然有一定的不足，但也并非处于一种松稀摇摆的状态，特别是在引入外部的电影院线资源、召集头脑风暴会议等工作中，可见其对内、外部的有利因素、智力资源等方面的整合实力（包括在策略实施阶段的外部合作常态化，以及内部相关管理制度上），也说明该公司对策划运作，保持一种长期的、常规化的规范化管理状态，是绝对有必要的。

（三）实施效果

A公司借助上述简约策划方法，通过以"专治小孩不吃菜"系列创意策略，变革出全新的企业形象，设定了营销及推广主攻的主力客群，推出了蔬菜主题的混合面包，成功地在当地打造出了"专治"系列的混合面包爆款产品，在较长一段时间内，风靡当地市场，有效地夺回了之前失去的部分市场份额。同时，其管理层就此因势利导，借这次简约策划应用之机，针对其经营战略、产品体系、服务质量、整体品牌、门店及线上销售系统、供应链等重要的盈利范畴，进行了全面的综合梳理，从中又发现和改进了

简约策划 | JIANYUECEHUA

与主要对手的差距之处，优化了相关竞争优势的延续性，并就坡上马，顺势在公司内部，全面开展了对简约策划方法的学习，于全体员工策划能力的建设上再进一步。目前，该公司又推出系列艺术化风格的创新西点，再次成为当地高端市场的引领主流。

二、B寨银器：银轻情意却更重

（一）背景说明

　　B寨是西南某民族村落，坐落于某水系大河旁，因古代西南陆路极为不便，自唐代起就成为当地水路物流中心，后因陆路交通兴起，包括B寨在内的区域逐步衰落，变得落后贫困。近年来，随着国家扶贫事业的成功推进，B寨也因其历史文脉深厚、多元民族文化，成为当地主要文旅景区之一，通过旅游有效带动当地居民持续增收。其中B寨村民的制银工艺，作为该地区知名民族非遗文化，成为村寨重要经济振兴手段。在政府综合扶持下，B寨集合村民全员投资，组织民族银匠艺人，在寨中开办了一家非遗工艺银匠铺，推出"B寨银器"品牌，创作一批拥有当地生活气息、工艺精湛的银器，希望持续带动村民共富发展。但银匠铺开办几年来，其生意并不是很好，前来的游客虽都会赞扬产品精美，但购买者不多。这一情况，甚至让店铺管理者认为要解决销量太少，必需大幅提升来客总量，以提高购买机会。因笔者之前在相关乡村创业讲座中，为当地村委进行过经营培训，基于信任邀请笔者为其进行解决问题的公益咨询。鉴于其管理者学历不高、年龄偏大，笔者充分发挥简约策划方法中的简约作用，以表格方式形成了极简版策略，既方便了交流，又解决了该问题。（如表1所示）

表1 "B寨银器"简约策划基础逻辑

真问题	**一、调研分析** （一）对近期来客、销售员，及早前游客（旅行社信息）持续访谈调研，发现其主要产品无法满足客户需要； （二）中老年客群认为价格过高，青年客群认为缺乏特色、个性，销售员则认为与京东、天猫等平台上类似产品相比，缺乏竞争优势（设计、价格）； （三）产品虽有当地生活气息、工艺优秀，但与实际需求过于脱节； （四）增加再多来客量，也无法改变游客对产品的基本消费倾向。 **二、问题集中（与店铺管理者、消费者双向沟通）** （一）现有的银制产品为何与游客旅途中的实际需求脱节？ （二）什么才能体现价格优势，什么才叫有特色、个性？ （三）游客眼中主要可选项（竞争对手）是谁，何为游客非要在当地购买"B寨银器"的主要理由？ **三、一问到底（结合店铺主动对消费者的调研情况）** （一）问题1：现有产品为何与游客实际需求脱节？ 回答1：产品以银制碗杯、茶具、银头胸饰（民族风格）、银镜（民族用品）、银画（民俗金属画）为主要形式，与游客当下的旅途消费需求不相符。 问题2：旅途消费需求主要指哪方面？ 回答2：需求以地方文化IP、记忆符号、个性特色类产品为主，主要目的：作为赠送他人礼品，以及作为自己一游的纪念品。 问题3：店内具备地方气息的产品，与旅途需求的具体冲突？ 回答3：产品总重量（定价主要看白银金属的总重量，及相关工艺水平）较高，最少动辄上千元，与市场主流旅游礼品、纪念品相比，有价格定位冲突；虽有地方风格，但真要以此为重要赠礼、贵重纪念品，多数都不会在旅途中偶然购买，其自有购买渠道；当代制银工艺发达，同类富含地方文化、工艺高超的产品，在天猫等互联平台上，有很多替代品牌。 （二）问题1：什么体现价格优势，何为特色、个性？ 回答1：店内最轻银器重量超过60克，按市面15～30元/克工艺价折算，为900至1800元左右，而大多数中老年游客此类购买的预算仅为数百元，年轻游客有购买力，但产品缺失文脉个性，导致其无购买冲动；产品设计所依据的地方特色，是以当地省、市为代表的区域风格，这种风格的替代品太多，缺乏能代表村寨核心文脉形象的个性特色。 问题2：中老年游客预算不多，可归类为买不起，是否放弃现有产品定位（重量）？年轻人既然购买力强，对他们要如何定价才合理？ 回答2：银器具有一定特殊性，不能用绝对"2:8理论"（少数客户产生主要的高收益）来指导其产品及价格定位，而较适用"长尾理论"（即赚取每位客户的钱，总合形成较高盈收）不放过每个游客购买的机会。同时也不绝对放弃重量、价格较高的产品，应保持部分产量，以满足部分高购买力的需求。 （三）问题1：游客的主要可选项（对手）是谁，何为游客非要在当地购买"B寨银器"的主要理由？ 回答1：其家庭居住区域的金银店、天猫等网购平台上，各类设计、各种工艺、价格不一的替代品很丰富，处于全面竞争状态。若要其非买"B寨银器"不可，就必须推出能充分体现B寨文脉、历史等特质，且仅在B寨现场购买，才能体现其特有的纪念、礼物价值，即使他人模仿、抄袭也毫无意义的银制品，只有这样，方能吸引各层级的游客购买。

续表

想方向	**属于"方向失准"** 花钱补贴旅行社带更多游客，以及用各种方法延长逛店时间等手段，皆是打规则的擦边球，有被投诉的风险。其不起作用的关键原因，就在于虽然目标很清晰，但过于急功近利，想以大幅增加游客量来提升产品购买率，但殊不知游客对银制品的消费决策心理，导致解决问题的方向失准，无法形成有效对策。 **问题解决方向设定** 游客虽对产品价格、特色有前述中的相关需求，但各自的具体要求、价格承受力、细节体验不同，不可能以少数几款产品的形象、价格、设计，就能满足所有人，必须形成一个能引导他们消费思考、购买决策的总体信息环境，制造出"屏蔽外部干扰信息"的条件，然后于该环境下，根据其具体需求，机动灵活的提供产品。即解决问题的方向设定为：制造条件下的机动方向。
寻资源或找条件	**虚资源** 自唐代以来村寨就是地区水陆码头枢纽，人文、商帮、客流交汇，是当地古代儒释道三教合一之地，但其中最为突出的就是佛教崇拜，虽氛围浓厚，但很奇特的是当地并无任何寺庙，烧香拜佛的民俗也很独特：大河对岸的山体峭壁上，有地质风化形成的一幅类似佛陀打坐造像的自然图景（传说起于晚唐），当地江岸人家、行河商人、船家水手、茶盐马队等，在初一、十五只向该"河佛"烧香祈拜，以祈福"大佛镇守、护河、保民"。此景唯当地独有，这种"只拜千年河佛，祈福千年护佑"的民俗，就是独有、难以复制的差异化特色。对于银制品打造真正的特色化、个性化，可由其虚性资源，转向可借助的实性资源。 **软资源** 银店拥有一干以当地村民为主、技法工艺高超的银匠艺人，其中具备自主设计能力、拥有高级技师水平的占一半（注重人才培养），不亚于部分一二线珠宝企业的制作团队。且这些艺人也是当地少数民族制银非遗技艺的主要传承人，其传承的丝、挑、镂、拔、叠、错等精湛工艺，更是申请了多项技术专利。特别是在定制化创新上，有绝对的技术和时效保证，能在很短时间内，设计、打造出定制银器。该软性资源可有效打破产品个性特色不足，提升购买兴趣度。
成创意	**个人接连创意法** （一）通过前述分析：发现中老年、青年游客的共同消费倾向，即价格合理，且产品需具有代表当地文脉的独有个性特征，满足这一共同倾向即可实现长尾化购买。 （二）通过蕴含分析方法：当地拜"河佛"文化中，一方面蕴含着喀斯特风化形成的"佛陀"图像的实景观感化，另一方面蕴含着代表当地文脉特色、人文特征的IP创意形象，同时，还蕴含着该自然"佛陀"图像所体现的外在形象、文化内涵、核心理念，是能被他人复制、再创作的。 （三）依据能引发新颖性（第一）、超前性（唯一）、突破性（专一）的心智印象标准，对"河佛图像、河佛文化及理念、价格要合理"作为创意基本元素进行评价，发现以上述元素进行创意是可行的。 （四）创意策略：（对创意基本元素，采用"置换、增删、扩缩、组分、复制"等基本手段进行创新） 1. 对"河佛图像"这一创意基本元素，采取"复制"和"扩缩"联想手法，将"河佛"图景中的主要形象"坐佛"作为主要IP，在汲取"镇守、护河、保民"等内涵的同时，通过"扩缩"中的"缩小"，将其巨大图像缩小、艺术化复制为主力概念形象，作为"B寨银器"未来主打产品的艺术设计原型。

续表

成创意	2. 对"河佛文化及理念"这一创意基本元素，采取"增删"和"置换"创想手法，将其中过于民俗化、涉及迷信的部分删除，保留关怀、护佑、智慧等优秀文化元素，将其中的大众化精神，置换为小众化、可定制的个性符号。 3. 对"价格合理"这一元素采取"组分"创想手法，将其价格看作适合不同消费人群的不同价格的组合，分为多个层级，以不同的重量、工艺满足不同需求。 **综合形成创意策略** 1. 推出以"坐佛"为主设计元素的小型佛像银器系列，包括吊坠、手链、戒指、耳饰、胸花、领夹、笔饰、书签、徽章等系列（包括杯碗、茶具、银镜等），以小型佛像系列为主打，形成最低两三百元、最高价格不限的体系（数百元的产品为主），满足不同游客对总重量、工艺的不同消费需求。 2. 借助银匠铺专业精湛、速度极快的技艺，将之前的固定成品销售模式，调整为定制销售模式（成品仅作展示），新产品围绕B寨特有的"千年河佛、福佑千年"这一核心文脉，根据游客的具体个性化需求，进行创新设计、现场制作，形成一种引导游客消费思考、购买决策的总体信息环境。 3. 创新"B寨银器"品牌定位，推出"感千年护佑，心定制同享"的全新主题（即为你定制这份银制礼品、纪念品，共同感受当地千年福佑文化），形成以"河佛为B寨独有、到此体验护佑传说"等为主线，将自然风景与定制产品有效连接的消费引导逻辑，制造出"屏蔽外部干扰信息"的消费条件（B寨很独特，购买当地独有的定制产品，远比其他渠道的产品，更有意义），放大能引导消费思考、购买决策的信息环境，有效提升现场购买率。
有保障	（一）虽然进行了真假问题调研、斟酌了问题解决方向、寻找了资源条件，但进展较快，不耽搁整体效率，且其产品已上市销售，所以其介入状态为"以形成创意策略为主"的状态，需采用更高效、更可控、更省成本的创意策略。 （二）从上述创意策略的适用场景（自然、宗教文旅体验）、适用时间（产品已上市，需迅速解决问题）、适用人物（游客的旅途需求）、成本管理（调整定制化研发技术的低成本）等方面来看，上述创意策略适用于该问题的解决。 （三）建议逐步引入以故宫文物专家、东南亚文化专家等定制创新智囊库，形成稳健常态化的组织支持，提升团队的技艺水平和品牌影响力；成立在线"银文化交流中心"（文化及消费交流群），引导学习、兴趣，营造未来的消费流量。

（二）实施效果

采用上述创意策略，B寨银品推出了以"坐佛"形象为设计基础的小型佛像系列产品，改变了之前店铺单方面"自嗨"设计出的一套产品，然后就货坐销的方式，让"自然文化＋产品定制"成为引导游客消费、屏蔽外在竞争的场景，并且在主题形象化的银器定制中，实现了个性化消费需求与价格（银器重量）、工艺（精细要求）的合理匹配。游客皆能在自己的预算和审美倾向下，于传递祈福的氛围中，买上一份更有旅途意义、带有自己情意的礼品、纪念品。特别是一些中老年游客，能花上不多的钱，为家中晚辈、爱人和朋友，送上一份带有浓厚情感的礼品、纪念品，有力地提升了 B 寨特有的文旅体验感，能感受到浓厚的关怀、护佑情感，也彰显了"银轻情意却更重"的中国人文情怀。同时，其低总价、高技艺的主打产品系列，在现阶段来店的所有游客量中，促进了超三成的购买率，为之前销售额的 16 倍，解决了最头痛的问题。目前，其"银文化交流中心"已搭建完毕，正以低成本、高收益的效果，有效拉动消费流量的聚集，而创新智囊库正在搭建中，已通过政府关系，逐步引入原故宫、金沙等博物馆的退休文物专家，为其产品创意设计积淀全新的 IP 设计力量。

三、C 街旧改：留有余地自从容

（一）背景说明

在前文的街区旧改项目中，C 街旧改项目战略规划为通过精致的建筑立面、精细的空间布局、精练的景观风物等，形成具有精品"质感"差异化特色的高端旧改街区，并引入高中端的商业业态、经营品牌，为主要商业供给端，吸引中高端消费人群，打造"当地商业和人居建筑回忆"，引领当地文旅高端消费潮流。但 C 项目在落成后的实际运营中，因定位于高中端形象和消费，且街区引入的业态、品牌，在价格上对于当地及周边城市的消费主流来说，过于昂贵，最终导致消费流量不足，影响了街区持续运营（来街区游览、观赏的人极多，但在街区内进行消费体验的人极少）。但根据此前设定的"取法乎上，得之其中"运营方向，项目采取以退为进，在保持并借助精品化"质感"形象的同时，重新进行了业态、品牌的招商，主打中、低端消费（部分中高端），策划并打造出区域"首席迎宾接待地"品牌形象，反倒逆转为当地知名的成功范例，成为各地类似街区参考借鉴的代表项目。退一步海阔天空，解决了此前遇到的定位过于高端的问题。

出现相关问题（项目的高端消费定位与当地主流消费环境相比，太过超前）需要简约策划进行介入时的状态，为第三种状态，即基本已了解真假问题、已设定问题解决方向、相关可借助资源条件已具备，需形成创意的策划状态。但该项目体量比较大，还需认真对待，所以还是对真假问题、解决方向、资源条件等情况，进行了一定的梳理（基本情况清晰，无须投入过多精力，不耽搁整体效率），以帮助其创意策略进一步深入破解问题的领域。

策划，从容留有余地也是很强的战斗力

（二）简约策划基础逻辑

1. 第一步"真问题"

已经清晰地认识到C项目的高中端定位、消费，对当地市场环境来说过于超前，所以以退为进，将原有的高中端商业业态、经营品牌，更换为中低端业态、品牌（更换相对容易，市场上存在众多优质的中低端业态、品牌），但主打中、低端消费，并非全面的最终解决手段，只能说为最终的解决手段提供了稳固的基础。

经过亲自调研分析，当地及周边地区主流消费群认为，项目质感、形象过于高端，甚至有一种"低调的奢华感"，感觉仅是能偶尔游逛一下之处，并非能进行频繁大众消费的地方。

进行相关问题集中后，开发项目的管理方认为，项目能成功进行重新定位和运营的关键，在于如何顺利实现中低端业态、品牌招商入驻的同时，又激发出当地及周边中低端（包括部分高端）消费群体（家庭为主），积极前来消费、频繁光顾街区的兴趣。

采用"一问到底"方式，管理方经过多个维度上的反复追求，认为核心的真问题，就在于推出一个既能推动项目的准确运营，又有利于吸引消费关注，还有利于品牌提升文旅宣传效应的运营主题定位。

2. 第二步"想方向"

之前已设定的"取法乎上，得之其中"——以退为进、主打中低端消费的策略，是按预设的直接方向来解决问题（高端经营不成，就换成经营中低端，属于直接更换），在思考如何实现中低端运作下的成功经营时，同样还需采取预设的直接方向，直接面对如何打造并发挥中低端经营优势这一问题。

3. 第三步"寻资源或找条件"

C项目的发展方向要实现成功调整，在入驻项目的商家、品牌等招商上，就要以当地庞大、高流量的大众中低端消费，作为吸引各类中低端业态、品牌进入的理由；在如何营造出高流量、有内容的消费场景上，则需要以富有特色、拥有良好消费体验的生活消费场景，作为吸引当地及周边主流消费群前来的理由。同时，还必须让入驻商家、品牌，以及前来的大众消费群体，都认为C街区由之前高大上的"当地商业和人居建筑回忆"，转换为"以中低端为主的经营状态，不是出了什么问题，而是正常的商业经营升级或创新"。在采用共轭性分析后，认为可将当地大众生活消费的关键核心特质，这一潜性资源，作为助力的主要资源条件。

当地生活消费有着不太明显，但能影响购买倾向、消费氛围的三大核心特质：1. 当地的地方民俗文化中"面子文化"较浓烈，当地消费者也特别好面子，较注重个人所谓的社会"排面"；2. 但当地居民又很会生活，因为当地的社会事业，主要是由当年三线建设时期发展至今的国有企业为主，受当年国有企业严谨、务实作风影响，当地居民在生活中很会精打细算，还有幽默的歇后语"算盘进了某某城（当地城市名称）——更会算"来专门形容当地人的精打细算；3. 当地居民很豪爽、热情，特别是很好客，当地一直就是川内知名的宴乡、酒乡、豪气乡"三乡之地"，对于外来的客人非常热情，也曾有"请客一席宴，数月无肉钱"，情愿自己无肉吃，也要敬待客人的说法。这些潜性的大众生活消费特质，平常看似与街区经营无关，但可将这类资源转化为显性的策划条件，为形成创意策略提供有力的支撑。

4. 第四步"成创意"

清晰地看清楚了真问题，已预设出解决的方向，也抓住了助力解决问题的资源条件，管理方采用了多人头脑风暴法，结合多人德尔菲法，以此综合形成创意策略（头脑风暴法、德尔菲法的应用方法，已在前面进行各种详细叙述，此处略去具体内容）。

第一，当地作为川内的三线城市（当地自称2.5线城市），大众化中低端消费（包括部分中高端消费）方为主流，这个不可忽略，好就好在之前 C 项目进行了试错（先从高中端定位开始，不行再进行调整）。这一应有的试错，能有效证明其经营角度，调整转向中端、中低端为主的发展方向是很有必要的。同时，正如前述分析中所说，街区之前的高中端消费档次、高大上的形象，包括以高端商家、品牌为主进行招商，不适合这个2.5线城市中的客观消费需求，但如果转向转得太快，在没有合理的理由下，迅速变成以中低端（部分中高端）为主的经营形象、经营内容，在当前这个互联媒体发达的舆情环境下，很有可能变成负面信息，以至于影响未来的项目经营，必须考虑到这一点。

第二，现有项目街区在建筑、空间、景观等方面体现出的精品化质感、观感，是已经建成的硬件，并通过之前的品牌推广、品质宣传，已在市场上留下良好的印象。此时，按计划有序引入各类优质的中端、中低端业态品牌，吸引中低端的主流消费（包括部分中高端），就类似于当年的"田忌赛马"之策（可谓采用高级赛马来应对中、低级赛马），也类似于商务合作当中，用更高级、更具优势的合作条件，来吸引拥有中低级合作条件的合作方，这种有进有退的做法，肯定是可行的。

第三，在具体的招商中，引入的业态和品牌，应以中端、中低端为主。其中，中端占40%左右，居于项目的主要商业承载空间上，方能对由原来的高中端，向现有中、低端进行过渡，并形成稳定化的商业支持作用；中低端占50%～55%，以其实惠消费、特色风物，吸引大众消费流量；而中高端占5%～10%，以满足部分中高端消费需求。同时，根据市场中各类业态、业种的客源吸纳力，将餐饮、休闲类、特色产品类作为主要的招商对象，其中的中端、中低端餐饮占八至九成（同时引入总量不多的，但具有旗舰昭示效应的中高端餐饮商家）。

第四，招商的主力对象，必须为已在当地或异地，形成一定品牌形象或达到一定品牌高度的商家企业，主要吸引在品牌形象、经营内容、经营方法、门店形象、装修风格、产品功能、经营者个性、客源聚合力、产业链形态、消费方式、消费体验、文化感受、视觉感观等方面，具有个性和特色、与众不同的商业业态和经营品牌入驻。在以性价比为核心消费吸引力的基础上，优化C街区的市场张力和差异化竞争力。

第五，同时，管理方对引入的商家，设置让入驻商家有进有出的质量综合淘汰机制（进入退出机制）、有利于商家更节省经营成本的成本管控机制（成本管控机制）、有助于商家在经营上持续创新的扶创机制（创新持续机制）这三大机制，帮助入驻商家、品牌企业更好的经营。例如要求入驻的火锅店，不但在店内装修上有特色、经营的菜品很好吃，还要为客人进行相对简单的川剧、变脸和魔术表演（员工表演，由管理方对商家进行相应的表演技能和特色创新培训），让客人体验到更优质的消费性价比。

第六，借助当地消费者好面子、能精巧安排生活，又待人热情这些资源条件，将C项目的运营主题，创新定位为当地的"首席迎宾接待地"。其核心目的在于：一方面，将前述中起着"田忌赛马"作用的项目精品化质感（街区、建筑、空间、景观等体现出的高品质建筑群观感），作为当地消费者比较重面子，进行来宾招待、聚朋小酌、请客吃饭时的"面子形象"支持点；另一方面，又依靠引入富有个性特色、已形成人气品牌的中、低端餐饮、休闲等门店，从消费成本较低、体验较好的综合性价比上，支持当地人擅于精打细算、巧作安排的生活特质；再一方面，之前整个项目已在当地打造了一个较高端的"商业和人居建筑回忆"，具有明确的文旅目的地形象（且相应的"建筑回忆"类宣传，在其持续运营中也并未完全停止，只是将其作为了项目的特点之一），而引入的餐饮、休闲等消费业态很丰富，从整体上具备了明显的迎宾地带效应，也能有效满足当地消费者待客要热情这一特质。

第七，这样一来，"首席迎宾接待地"这一运营主题定位和主导方向，就能形成一个正向的马太效应。以建筑、景观等硬件上的精品质感，能充分体现项目"首席迎宾"的市场地位，能将当地及周边消费力"激活+集合"起来，形成庞大的大众中低端消费流量，吸引更多的中、低端业态和品牌，来关注项目、了解项目、入驻项目。同时，也能反向"聚集+提升"更多的符合招商要求的业态、品牌，共同打造名牌化和优质化的大众消费综合体，以较高的性价比，展现"接待地"的生活消费及人情氛围优势，吸引、稳住、扩展当地庞大的大众消费流量。并且项目定位由"当地商业和人居建筑回忆"，过渡到"首席迎宾接待地"这一运营主题，并不会造成项目在经营形象、服务品质、社会口碑上的较大落差，不会在项目发展战略实现转换之后，造成负面的舆情环境，而且还能反向对市场证明，C项目当前的管理稳健灵活、有条不紊，能为市场继续看好项目，提供更有力的信心保证。

5. 第五步"有保障"

对于保障创意策略进一步的有效实施，管理方主要是从制度常态化上，特别是在能支持前述策略的具体管理制度上，为创意落地提供了有效的保障。

首先，管理方对引入的各商家设定了"进入退出机制"，即并不是以入驻商家、品牌（包括部分商务租户）能否给付相应的面积房租，作为其能否长期驻留于C项目的唯一标准，而是联合街区中部分经营业绩优秀、市场口碑良好、遵纪守法的商家企业，共同成立了"C街区品牌质量管理委员会"，对入驻商家，特别是对餐饮、休闲等代表项目品牌、口碑和社会形象的商家，定期进行综合评估，并从产品和服务质量、特色个性、品牌形象、敬业心态、消费者反馈、同行业评价等标准出发，对入驻商家定期进行排名，凡不符合相关标准者，则请其退出该项目（C街区消费流量庞大，外部的各类业态、品牌皆争相欲进入）。例如，对餐饮企业推出主食到菜品，必须先经委员会多次试吃、评估一段时间后，方能入市销售，在入市销售后，委员会还会进行随机抽查评估。

其次，管理方为各商家设定了"成本管控机制"，特别是对占有较大经营权重的餐饮、休闲类商家，从大型集中采购入手，以委员会的名义，统一帮助各商家采购从大米、面粉到油类、菜肉，从水电、物业到装修、物流等各方面的经营物资、货源和服务，有效地保障了主力业态、品牌在经营成本上的综合可控。同时，还建立消费者大数据反馈奖励等方法，支持商家节省成本，例如从每月定期收集的数据分析，对所有入驻商家进行服务水平排名，列入前五名者，下月租金全免返退（有面积上限）；列入前十五名者（不含前五名），下月租金减半返退；列入前三十名者（不含前十五名），下月租金打七折返退；在所有商家中排名列入前四成者，下月租金打九折返退，帮助能优质经营的业态、品牌，进一步减少经营成本。

最后，管理方替各商家还设定了"创新扶持机制"，扶持、帮助商家在经营上进行持续创新，主要分为市场营销或相应技术方面的培训、产品研发创新的支持和培训、对企业运营管理上的综合指导，主要是管理方借助其在各方面的资源整合实力，为入驻商家引入相应的教育培训资源、策略创新资源、技术支持资源（免费或低费用），引导各商家从被动适应性的创新，逐步过渡到主动挑战性创新。同时，采用媒体曝光率和曝光内容评估等奖励方法，支持商家自觉自愿的，进行从产品到服务，到管理的综合创新，例如每月收集媒体大数据，凡入驻业态、品牌商家在各类外部媒体上获得正面宣传，特别是关于产品和服务在创新、创意方面的宣传推广，管理方还将给予更多免费的宣传支持奖励，让其在当地及全国主流媒体上，进一步扩大宣传效果；又例如前述中管理方培训火锅企业的员工，使之能进行简单的川剧、变脸、魔术等表演，进一步支持商家不断创新其经营方式，吸引更多的客源。

（三）实施效果

C街已成功实施战略方向的转换，解决原有运营定位与消费环境不匹配的问题，成为当地知名的高流量文旅街区项目，且在战略转换阶段，不但未引发争议和负面信息，还成为体现当地企业中"有效转换经营思路、因地制宜谋求发展"的优秀管理项目。

目前，当地的大众消费流量，已成为支撑该项目稳健发展的根本消费动力，在这一过程中，还出现了一个有趣的现象，例如原来一些被认定为低端的业态、品牌，例如一些串串香（用竹签把菜串起来烫火锅）、钵钵鸡（竹签串着的卤凉菜）、冒菜（白水煮熟菜后浇上调料汁）等传统民俗餐饮品牌，在当地消费者的热捧中，竟逐步成长起来，发展为具有品牌连锁优势，成经营规模、成管理规范、成运营建制的优势品牌，还向周边城市进行了品牌输出，一改市场对低端品牌形象不佳、质量拉胯的印象，反倒升级为兼具物美价廉和服务质量的中端型品牌（包括其他部分中端品牌也在其局部的经营特长上，出现向高端品质化发展的趋势）。这一现象，再结合项目本来就具备的精品化质感，无形当中，对 C 街区吸引消费流量的关键——性价比，又一次形成叠加放大效果，进一步提升了项目的整体核心竞争力。

鉴于其商业方面运营的有效性，目前管理方已考虑开始在除商业区域之外的商住部分，引入相应的文创产业功能和品牌，逐步全面满足该街区"新旧建筑充分结合，尽量保护历史文化、保持传统商住一体"的发展方向。总体来说，在项目的全过程中，提前留有相应的余地，在进行战略转换时，则可更从容自如。

四、D 牌小面：抓住重点促就业

（一）背景说明

巴蜀 D 牌小面餐饮公司是当地餐饮行业协会的副会长单位，是西南地区较知名的米粉、面食类餐饮连锁企业，因为近年来坚持创新发展，持续荣获国家相关协会"面食餐饮类品牌 50 强"、全国行业相关协会"面食类生产经营竞赛特等奖"等全国先进称号，成为引领当地粉面餐饮服务的创新型企业代表。但近年来，该企业在持续参与扶助当地青年人创业就业

第六章 | 实践范例

的系列双创活动后,发现面食餐饮业中的年轻创业群体在初步创业阶段,面临着"进入顺序失当、技艺薄弱、产品不力、研发乏术、经验不足、心理压力"等六项基础问题,以及各个基础问题的形成原因,于是采用笔者推介的"简约策划"方法,从上述发现的真问题入手,对各个基础问题采取不同的解决方向,并寻找到不同的资源、条件,通过不同创意方法的组合使用,策划出"六线齐行"创意策略(即"进程线、技术线、产品线、研发线、成长线、心理线",这六个影响面食餐饮创业的关键发展线),在"创业发展步骤先后顺序(进程线)、技术技艺门槛(技术线)、优势产品打造(产品线)、竞争特色创新研发(研发线)、对事业的推动支持(成长线)、创业心态引导(心理线)"等关键发展过程中,形成综合、清晰的创新支持策略,打造出该企业特有的"去化创业门槛、简化创业流程"的品牌加盟合作优势,助力年轻人更高效、低风险的实现创业梦想。

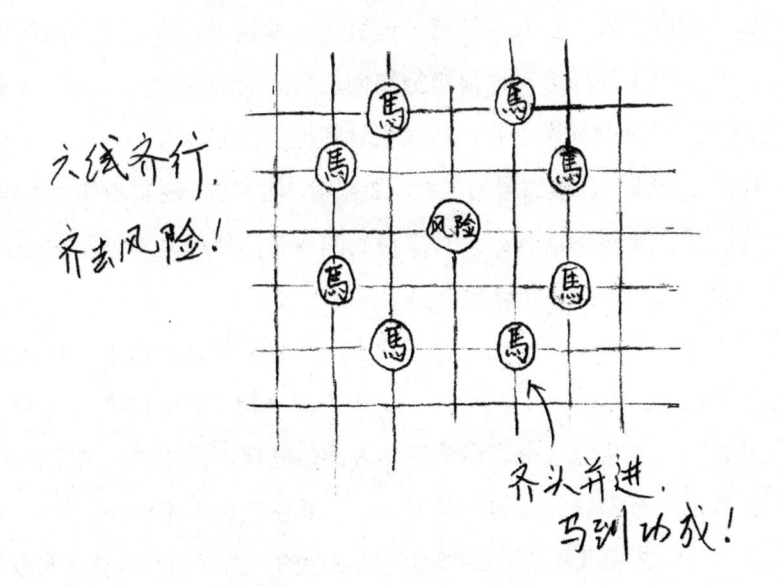

策划,就用上了六线合击、齐头并进

（二）简约策划基础逻辑

1. 第一步"真问题"

D小面公司参与当地面向年轻人创业就业的双创扶助活动时，深入当地各区县进行培训、开展交流、抵近观察、积极访谈，与进行了一场深入的创业者及市场调研无异，所以收集到不少年轻人在面食餐饮创业上面临的各种困惑。

因面食餐饮的行业和市场具有一定的特殊性，其创业发展、经营管理看似简单，实则相对较复杂，所以与有一定连锁合作实力的面食餐饮企业协作，借其品牌进行加盟连锁经营，是年轻人进入面食餐饮业界创业时，最主要的途径。

但不少年轻人最开始认为面食餐饮创业不是很复杂，无非就是加盟一家面食餐饮企业进行合作罢了，毕竟身边的各种面馆粉店也比较多，好像自己也或多或少了解一些入行技巧。但真正一做起来，才发现自己似懂非懂，根本抓不住主要环节，也很难把握创业门店的经营全局，而一些负责加盟连锁合作的面食餐饮企业，却很难对其提供彻底、有力的专业指导和支持，只是急着赚取合作加盟的学费、加盟费、实习费、材料费等"快钱"。当钱一赚到手，则对创业者在经营中遇到的各类问题，基本漠不关心，缺乏系统、持续的跟进指导和解决。

而创业者在品牌加盟后的独自经营中，才感觉到好像这里也有问题，那里也有毛病，才发现自己不明白，但又无人前来指点的关键之处很多——产品、技术、门店租金、引客经营等各方面，好像不是成本，就是风险。于是，一些已进行品牌加盟的创业者，感觉其创业压力不但没减轻，反倒还更大了；另一些正准备通过品牌加盟来创业的，当听到或看到这种状况，则感觉到所谓"专业化的加盟连锁"根本就没啥更大的帮助，之后要么选择了退却，要么就亲自开店来反复琢磨创业之道，直接加大了其创业的各种成本和风险！

　　由此可见，虽然年轻创业者面临的困难不少，但总结起来，进行问题集中和一问到底之后，就能很清晰地发现，影响青年人群进行面食餐饮创业的关键问题，就在于某些面食餐饮类品牌加盟企业的创业合作政策及支持管理方式，反倒造成了年轻人创业的成本高、压力大。依据 D 小面多年的行业经验，及同行业的经营行为、观点教训，再结合创业者提供的调研信息，发现年轻人通过品牌加盟，进行初步创业的阶段，面临着六个基础问题（困难）。

　　第一，进入顺序失当。该问题的原因，主要在于当代年轻人进入和参与餐饮创业的顺序步骤，基本是传统的师带徒"副活学习——主活学习——门店练习——出师创业"这一进程。就面食餐饮来看，所谓"副活"指较简单的煮粉面、煮素菜、挑面配素、厨具清洁、迎宾收款等入门基本功，"主活"则主要指粉面食的调料汤料、配各类浇头、自制粉面产品、门店品牌推广、各类聚客活动、门店经费及台账管理等涉及产品及管理竞争力的核心技能。传统面食餐饮业引导年轻人创业的过程，比较烦琐，且学习成本较高，一般先让年轻学员从学"副活"开始，每个学习项目收一次费，到学"主活"时，费用已累积较高，光粉面烹饪操作费就不下数千元，之后还要在其"门店练习"中（门店实习）收取练习费，三个多月后"出师创业"时，最多练会了三四种主要面食的厨台操作技术，有些甚至连业务流程、调和面粉等基本功都没学好，更别说其他涉及产品和管理的核心技能了。所以，不但学习技能的成本高，创业进入的效率也非常低，令不少年轻人打退堂鼓。

　　第二，技艺薄弱。该问题的原因，首先是因为部分面食餐饮加盟企业，在产品采购、生产、加工上，基本缺乏产品标准化管理意识，所以产品标准很难持续稳定，某段时间在这家食材制作商采购，隔一段时间又在那家食材摊点购入，即使是自产的面条、米粉等主料，不少都面临产品质量、口感等不稳定的状态（受厨师流动性、厨师技能变化影响），特别是配调料、制浇头、熬汤料等影响面食口感、味道的内容，略为疏忽、换种原料或换一个人操作，则完全风味大变，根本就无所谓可传授给创业者的关键技艺。其次是只要加入其连锁体系，则打着加盟管理名义，所有面条、配料等基础产品，只能从其处购入，创业者想借加盟合作、学习提升自己的产品制作能力，则几无可能。而在经营管理上，往往也是"收了钱即不管"的功利思维很严重，无创业前、后的持续性指导，无法助创业者弱化经营风险。

第三，产品不力。该问题的原因，主要是在一些粉面类餐饮经营中，以及在扶持创业就业时，其产品构成本身就过于单一（只有一两种面条、米粉），且在味形、浇头、材料等方面相对单调，令消费者的选择性太弱、品牌产品对创业支持力不足。其根本还是在于，面食餐饮对于其他的中餐类型来说，其加工生产、烹饪调味等主要过程相对更简单，特别是多数面食门店正如前述中所说，其面条、米粉等基本食料主要靠第三方供应，其面食调料、汤底等，主要也是根据店主的个人经验、口味偏好所总结出的几个固定配方，且其烹饪及服务过程也相对简单，所以，慢慢就形成一种行业习惯或惰性，即面食业中很少有人去积极研发主要食材、尝试味型多变、思考浇头汤底、创新经营管理等内容，一个门店，只有一两种面条、米粉，只有三五个主要浇头或汤底，成为常态，但这种状态，已不适合当代面食餐饮创业所面对的消费多元选择环境。

第四，研发乏术。既然面条、米粉等产品很单一，且在味型、浇头、汤料等方面只有那么几个固定的品牌，就应该加大相应的产品创新研发力度，稳定、提升已被市场成功检验的热销品种，并不断推出更新的面条产品、味型浇头、底味汤料、特色服务等，在以不断创新为引领、大胆尝试为展示手段的市场环境中，进一步助力创业者的成功，并为自己的品牌加盟连锁带来更大的成功。但不少面食餐饮企业的市场思想很保守，一方面因上述的惰性习惯，不愿进行研发创新，另一方面则短视地认为这是"教会徒弟，饿瘪师傅"，认为帮助其他创业者或加盟者进行产品研发，或助他们提升其研发创新能力，自己隐秘保留的所谓"看家手段、看家本领"，就会被他人学到手，对其未来发展不利。特别是这些企业认为，对相关调料、浇头等配方，必须绝对掌握在自己的手中，只有加盟者从其手中永远购买成品调料、浇头的份，哪里还会指导年轻创业者调制其秘方调料、烹制其独家浇头。

第五，经验不足。对于创业门店的经营成长，还是一个需要加盟管理方持续进行扶持的过程，但不少管理方却缺失这一必要的步骤，或仅停留在帮助创业门店写一两篇网推文章、拍一两个短视频就了事的状态，而对其他重要的经验培育事宜作选择性忽视。例如，不同面积大小的门店的经营形式如何因地制宜、主要面食产品如何与地方文化特色结合、不同类型创业门店的装修及包装标准、如何进一步减轻创业者的经营和合作成本、针对不同地区创业门店市场营销问题的诊断应对等重要的经营影响点，很少能得到加盟总部的支持。而这些对门店经营影响较大的实战经验，并非在一朝一夕就能充分积累，必须在略长的一定时段内，不断对创业者进行引导、指点和培训，才能达到经验富集的效果，才能帮助创业者门店在未来持续、稳定的发展。

第六，心理压力。创业者普遍存在一定的创业心理压力问题，主要有三大类，如部分创业者的信心不足，在加盟前，因缺乏经验，所以显得犹豫不决、思前想后；一些创业者在加盟之后，又因一些经营管理上的挑战，缺乏冲劲，以至畏于竞争、止步不前；还有一些创业者在加盟面食品牌后，经营比较成功，想深入发展，借势走得更远，但又缺乏市场发展资源，没有拓展平台，所以后续发力信心不足。这些心理压力问题，虽说看似属于经营应有的情形，但对处于加盟发展中的创业者，能否走好未来的经营之道，也很重要，必须予给大力支持。但在一些加盟连锁企业那里，这类问题被直接无视，认为与其无关。

2. 第二步"想方向"

创业者遇到的基本问题共有六个，每个问题各有其主要特点及形成的机理，在解决方向的设定上，若企图将所有问题的解决方向归总设定为一个方向，则是解决方向失准，需要根据每个问题的不同情况，按不同的预设方向来解决。

就第一个问题"创业进入顺序失当"来说，主要源自年轻人加盟面食餐饮时，从学习到练习，再到出师的这一进入创业的全过程中，由于加盟连锁企业的缘故，存在顺序步骤过于保守传统，影响创业效率，以及出现技能培训主次不清、缺乏核心重点、学习费用很高等障碍。要解决这一问题，D公司以其自身实力，完全能从自身专业角度，对相关问题、障碍进行调整，能以预设的直接方向进行解决。

而对于第二个问题"技艺薄弱"，特别是产品生产加工、技艺和经营管理方法，不少加盟连锁企业无法在这些方面为创业者提供帮助和支持，而E公司也完全能以自己的技术、管理能力，直接帮助年轻创业者解决这一问题。但是，要形成加工产品在工艺上的标准化（长期的稳定性），D公司还是无法在短期内，从自身特长出发来形成应对措施，其解决的方向应预设为间接方向（借用其他的力量介入来间接解决）。所以，这第二个问题的解决方向，是直接方向与间接方向的结合。

对于第三个问题"产品不力"，主要是相关企业为创业者提供的粉、面等产品过于单一，包括味形、浇头、材料等较单调，对此D公司是可以直接进行产品创新来支持，但研发创新出来的各类新型产品，D公司不可能以己之力，进行全面的落地生产，还需以间接的方式来解决之。第三个问题的解决方向，还是直接方向与间接方向的结合。

对于第四个问题"研发乏术"，主要是说青年创业者在加盟后，在加盟总部处无法得到创新研发上的支持，特别是在影响味型、口感的关键——调料、浇头等内容创新上，也很难在较短时期内形成自己的研发方式和创新成品。但将眼光放诸市场的角度来看，能绝对影响味道的调料、浇头、汤料，其类型丰富多彩，特别是能调制出优秀调料、浇头等内容的专业熟手广布全国，所以要在研发上形成突出的引导作用，凭 D 公司一家之力作直接的全力以赴，还是颇为困难，那么这一问题的解决方向，还需采取间接方向为主。

第五个问题"经验不足"，加盟管理方对青年创业者在管理经验等方面的扶持不力，则很容易解决，D 公司从业多年的经验，正好可以直接传授给青年人，能以直接方向解决。

第六个问题"心理压力"，这个问题看似简单，但实则对创业者的影响还是较大，品牌加盟合作毕竟还是一个经济投资行为，青年人本来就没有多少钱，心理压力肯定也不小，必须进行支持以疏导。缓和创业心理压力，有多种途径，一些是在有师傅进行传帮带的情况下，能亲自参与做些事情，搞懂里边的门道，心理压力就无所谓了；一些是悟性比较高，只需看一看他人的成功做法，自己的心里就有谱了；一些则是关注外部的发展平台、伸展空间大不大，若外部的援手、积极因素不太多，则颇感压力，反之则心态积极。对于这些情况，还不能以直接或间接方向，来进行直截、硬性式的解决，还需先制造一个能有效稀释、屏蔽压力或负面心态的条件，对拥有上述心理压力的青年人，进行一个综合系统的疏压解决，所以对于这一问题，应设定为制造条件下的解决方向。

3. 第三步"寻资源或找条件"

鉴于前述六个问题各自拥有的特征，也不可能利用统一的资源、条件

简约策划 | JIANYUECEHUA

来进行解决，所以，必须针对每个问题的具体情况，借助共轭性分析，进行资源条件的寻找，以助创意策略的顺利形成。

对于第一个问题"创业进入顺序失当"，D公司能利用其行业发展经验、创业培训支持能力、学习成本管控手段，以及对创业进入顺序作出合理规划等显性资源，进行有效应对。

对于第二个问题"技艺薄弱"，一方面D公司能以自己的技术、管理能力等显性资源，直接帮助青年创业者解决技艺培训、提升及经营管理的完善，另一方面通过寻找产能稳定、愿意积极支持青年人进入面食餐饮创业的中央厨房企业，通过这类具有技术稳定性的硬性资源，形成产品在工艺上的稳定标准化（D公司也有自己的中央厨房，但其产能相对其不断进行连锁加盟拓展后，所形成销售总额来说，还是很不足）。

对于第三个问题"产品不力"，同样的，D公司可借助其对市场的敏锐反应力，和掌握的面食产品创新力等显性资源条件，直接推出各类关于面条、米粉的创新产品，同时，还可以借助前述中央厨房的柔性生产力等软性资源，对其能够开发出的创新产品，进行生产落地。

对于第四个问题"研发乏术"中所说的，很丰富多彩、广布于全国的各类调料、浇头等味型核心要素，不可能由D公司全部自己研发，可借助互联网合作思维，引入掌握各种优质调料、浇头等配制技术的专业人士这一潜性资源，以及拥有生产能力的中央厨房企业，形成"知识产权各自独占，但知识成果共享"的合作方式，共同进行研发和生产。

对于第五个问题"经验不足"中，被一些品牌连锁企业所忽视的门店经营管理方法、产品与地方特色结合、装修包装标准、合作及经营成本管控、市场营销等重要的经营影响点，D公司正好能凭借多年的从业管理经验等显性资源，将相关经验直接传授给青年人学习。

对于第六个问题"心理压力"，经过D公司分析、梳理，可整合其创业学员在其连锁店内的观察学习（虚性资源）、专业性培训交流（软性资源）、同业人士对创业者的心态影响（隐性资源）、有助于事业拓展提升的发展平台（正性资源）等资源条件，制造一个能稀释、屏蔽压力或负面心态的条件，在弱化创业者心理压力的同时，不断增长创业者的自信。

4. 第四步"成创意"

为应对上述问题，D公司结合相应的资源条件，采用了多人头脑风暴法，结合多人德尔菲法，以及D公司特邀专家的个人接连创意法，策划形成"六线齐行"创意策略，通过"进程线、技术线、产品线、研发线、成长线、心理线"这六个影响面食餐饮创业的关键发展线，以齐头并进的创新，重新调整创业步骤的发展顺序、大力降低技术技艺门槛、打造特色突出产品群、整合竞争力研发优势、丰富青年人创业成长经验、加强创业积极心态引导，达到创业门槛降低、创业过程简化的实效。

（1）"进程线"创新

D公司对创业进程的顺序进行了调整，为加盟其品牌的青年创业者提供免费创业培训，将创业基本进程调整为"核心主活学习——傻瓜相机支持——出师创业"，即在十天左右的培训期内，除煮面、挑面、配素等简单基本功外，主抓"配制调料汤料、配制各种浇头、经费及台账管理"这三个核心技能，学成后能在D公司免费的"傻瓜相机型服务"的系统支持下，实现迅速学成、方法复制、马上开业的效果，如此即可大力减少创业学习的时间、资金成本，保障青年创业者可从零基础起步。而其"傻瓜相机支持"则主要来自后继说明中"技术线、产品线、研发线"的创新支持。

（2）"技术线"创新

D公司针对当下一些粉面类餐饮在扶持创业时，因技术性支持薄弱导致的质量口感不稳定、消费可选择性太弱、产品构成过于单一（面和粉）等情况，形成了"前期标准化、调料跨区域、指导常相伴"三大技术支持。

"前期标准化"支持，指除了基本的面条、米线之外，还帮助创业者开发和引入传统抄手、各类米粉、酸辣粉等十多个不同品种的丰富产品，在前期，全部均以中央厨房标准化制作、专业渠道配送，避免非标手工自制而影响品质；于后期，再进行手工自制产品的培训，达到扶产品，也扶能力的双扶效果。同时，对粉面的烹制加工，也可由前期的标准化流程作业，过渡到后期创业者的自主发挥操作，推动创业者在自身创新能力上的长足发展。

"调料跨区域"支持，指对上述产品烹煮后，加入具有当地以及各省市特色风味的专用调料及浇头（中央厨房加工），超越以麻辣为主的川渝味，为每碗粉面配搭超过五十种口味的调料、浇头料包组合（借简便易用的傻瓜型料包，先让创业者逐步熟悉，在后期将指导创业者学习自己配制调料、浇头的技术）。且这些调料、浇头料包，还能用于抄手、酸辣粉、麻辣串等品类，打造丰富的口味矩阵，进一步支持不同区域创业的口味本地化。

"指导常相伴"支持，指对创业者形成近两年持续的创业前、后指导，淘汰"收了钱即不管"的功利思维。创业前，助其进行门店合理化选址、面积业态配置、装修成本精控、市场调研及测试等指导；创业后，持续开展烹饪服务操作、品牌推广、特色配搭、价格体系定位等指导，使之安心于眼前事务的同时，逐步学会经营方法，持续性扶智，弱化经营风险。

（3）"产品线"创新

针对产品特色不力等问题，D公司集中力量进行产品创新，借助其中央厨房的柔性生产力，开发出重庆小面、新派抄手、各类米粉、面块面团、传统水饺、酸辣粉、特色拌面、冷麻辣串、关外卤煮、麻辣烫、拌面饮品等粉面产品全体系，可根据创业者所在地区的消费喜好、趋向，因地制宜推出适合的产品。

同时，借助傻瓜型烹饪用调料、浇头料包，对各类产品均再次进行了味型丰富，如产品主力川渝小面，除了原味麻辣小面之外，还形成山城牛肉面、老四川酸菜面、万州豌杂面、黔江鸡杂面、巴蜀姜鸭面、贵州酸汤面、辣子鸡面等二十多种类型，全面展现巴蜀小面的产品宽度和魅力，形成更大的消费喜好覆盖，提升小规模门店经营下的范围经济效应。除了传统面食，其他诸如米线、热干面、抄手、水饺、酸辣粉、冬阴功面等产品，均提升造型、内容物、味型、咀嚼感等综合体验的丰富性，仅米线产品就打造出了香菇炖鸡、泡椒药膀、番茄丸子、秘制牛肉、果冻猪手等十多种味形；而抄手则在内容物上形成龙利鱼、鲜肉、榨菜、雪梨、藕丁、贡菜、藤椒等十多个爆款。综合度、体验感、多样性远超过常规产品的六倍，并在相对复杂的产品组合下，以更简便、快速的烹饪流程，提升了消费者对产品的满意度。

（4）"研发线"创新

对于加盟管理方在粉面产品、味型浇头、底味汤料、特色服务等研发实力上，无法为创业者提供创新支持和能力建设的情况，D公司充分发挥互联网产业链思维，整合产业链，在提升了研发创新力的同时，还降低创业门槛。在产品、味型创新逐步丰富，仅靠自身也难以承担全面研发和生产的情况下，D公司通过搭建C端销售网络、B端生产企业、各方共享盈利的模式，引入大型中央厨房类企业（B端），借助中央厨房强大的技术及生产实力，迅速将D公司研发的各类粉面形成产品，以无费用方式，进入创业门店网络（C端），之后再通过台账管理系统，从门店实时盈收中，为B端即时提取收益。一方面大力减轻了对创业者现金流的占用风险，另一方面保障了厨房企业产品的持续销售。

而在调料、浇头的研发生产上，更是展现了对人才资源聚合的互联网思维。面食餐饮要成功，关键在于调料、浇头的独到口味，但一些优质配方往往掌握在部分厨师的手中，且因其经营规模的问题，无法实现技术盈收的扩大化。而 D 公司先聚合各地拥有优质配方、愿支持创业的厨师人才，整合具有加工能力的中央厨房企业，将配方加工成标准化调料、浇头的料包，免费供应门店，之后再通过台账系统，从实时盈收中提取厨师、中央厨房的收益，全面打通 H 端（人才）到 B 端、C 端的聚合过程，形成核心研发对创业的深度助力。

除使用免费料包之外，D 公司也形成了自主研发的傻瓜型配方，并且还会指导创业者形成自有的原创配方，帮助创业者有朝一日在自创品牌、脱离中央厨房的料包支持后，能独当一面，建设自己的一套调料、浇头研制方法，以高度的社会责任感，对创业者支持到底。

（5）"成长线"创新

对于加盟管理方对青年创业者的经验培育、积累不上心，缺乏引导、指点的现状，D 公司对创业门店的经营成长，针对五方面的重点内容形成扶持创新。首先是 D 公司对门店经营形式的创新，助创业者选择适合自身投资实力的形式。对有实力者，设计有利于较大面积门店的经营形式，对于普通创业者，则设计有利于小面积经营的形式，甚至首创仅需几平方米面积，就能实现立销立食的"立食店"形式，控制门店租金成本对创业的压力风险。

其次，D 公司品牌立足于当地是川渝知名文旅城市、旅游纪念品丰富的特点，推出以"巴蜀小面"调料、浇头为主的系列特色产品，供创业门店零成本、无抵押代销，并从销售额中为创业者提取收益，帮助门店利用消费者喜好，扩大赢利空间。

第三，D 公司针对不同创业门店的建筑及外立面风格，设计出具有统一指导性的标准化门店包装及装修标准，从简易、特色、可控等方向出发，辅导门店进行装修设计及施工，避免装修成本过多投入，有些门店仅花数千元即实现焕然一新的品牌形象感。

第四,为减轻创业者经营上的加盟费压力(实际仅需几万元),打破了行业传统收费惯例,借助金融信用大数据评估创业者的诚信水平,变一次性收费为免利息的跨年月度收取。除了免息之外,对于部分经济实力不强的创业者,还采取暂免费用,在其销售额中提取相关费用的优惠措施,大幅减轻创业门店的资金压力,帮助创业者稳健成长。

第五,针对各地区创业门店的营销环境,D公司还通过其长期在各地搭建的创意、推广营销类专家库(以人脉搭建资深专业群体),对各地创业门店的推广销售,进行即时的准智库化咨询,迅速帮助创业者应对推广、营销问题,进一步助其市场经营成长。

(6)"心理线"创新

针对创业者存在一定创业心理压力的问题D公司整合相关资源,形成一个"持续进阶的学习升级包",并制造一个能稀释、屏蔽压力或负面心态的条件,即对创业者表示,只要能按"学习升级包"坚持进行学习,其经营能力、管理水平、发展空间必然能全面进阶,获得更大的成功,在持续给予创业者对未来的希望的同时,逐步通过现场指导、专业培训、会务交流、经验观察、平台导入、资源嫁接等手段,形成"学习升级包"中的具体解决措施:第一,"免费观察学习",对于部分信心不足者,D公司利用其多个自营门店,提供全程驻店的免费观察学习,让创业者在既看、又做、又学的环境中,有效化解心理压力,创业从容不迫;第二,"走出去学习",对一些障于经验不足、畏于竞争的创业者,则利用掌握的各类行业培训、会议、交流机会,主动带领他们走入同业,感悟先进经验及勇毅,打消其畏惧;第三,"搭建行业关系",对于一些缺乏资源、难以扩展的创业者,则利用深入发展的行业平台、协会组织等关系,助其走得更远,如已在某省成功立足的创业合作者,欲将其粉面生意拓展进入当地某大学,却无法入门,D公司闻知后借助校园餐饮合作联盟的资源,助该创业者成功进入大学食堂，大力减轻了创业者对后续发展的担忧。这一能体现"持续进阶的学习升级包"，实实在在地为青年创业者提供自我砥砺、自我挑战、自我突破、自我实现的充沛自信心，引导他们为实现梦想而努力奋进。

5. 第五步"有保障"

为保障上述"六线齐行"的创意策略能齐头并进、有条不紊地开展，D公司专程制定了《青年创业者支持理念手册》，从心智层面到制度层面打造支持青年人创业的源动力，形成以下主要保障体系（具体的制度为商业隐私，在此不做展现）。

（1）"初心不改"，即对社会上的青年人，只要愿意进入面食餐饮业来创业的，D公司全体员工都有进行公益化免费咨询的义务，并积极为其作出指导和安排，保障创业者在创业咨询、专业知识、成长经验等方面的信息对称，指导青年人稳步前行。

（2）"永持敏感"，即对市场上关于创业就业、青年人入行、产业突破、经营环境、优势竞争、行业变化等信息，保持永远的、热情的、事事关己的高度敏感性，并依托敏感性，去调查、去发现、去研究和思考，这些新的变化对创业发展有什么支持和影响作用。

（3）"创新为王"，即对涉及餐饮行业、企业、产品的相关创新信息、新知，积极主动的进行收集、整理、分析、共享，在公司内部上下保持一种追求创新、坚持创新、渴望创新的总体文化氛围、制度氛围和管理氛围，让创新成为支持创业发展、支持加盟连锁、支持企业核心竞争力的核心支柱。

（4）"整合资源"，即凡有利于提振创业、品牌加盟、拉动创新等事宜的内部和外部资源，都应纳入企业发展中的合作考虑范畴，特别是对一些具有重要影响作用的上下游企业、关键技术、合作平台、媒体舆论、产业机构等，尽量提前了解对方的背景及优势，形成基于产业链的深度化创业支持合作。

(5)"眼观长远",即将支持创业就业的合作视野,由马上赚取加盟合作费这一短视的角度,转向长远、可持续的合作观,在后续的长久合作中,形成稳定的、可共享的、具有合作驱动性的收益方式和合作形式。

(6)"广交朋友",即认为每个人、每个企业的智力、算力、谋略力等都是有限的,只有不断广交天下朋友,结识各层级的优秀人群,才能取其之长,从他们那里汲取更加丰富的见闻、智慧,同时,不断巩固与朋友的融洽关系,使他们对支持创业这一事业,也同等对待之,形成及时、有效的人脉支持力。

(三)实施效果

D公司在近三年来,经过持续不断的采用"六线齐行"创意策略,并坚持实施、推进之,已经在西南地区十多个一、二线城市,通过品牌加盟连锁的方式,支持近百家创业门店成功开业及经营,帮助上游三家中央厨房类企业形成了稳定的需求源头,一共解决近六百人的创业及就业问题(大多数为青年人、低学历女性),在西南地区众多面食餐饮企业中异军突起,成为有力支持创业就业的新兴黑马,为企业发展汇集了更多的财富,也为企业的加盟进一步走向全国市场,奠定了坚实的品牌形象和管理基础。

同时,其"六线齐行"创新实践,也对当地在推动"国内国际双循环发展"经济新格局建设中,如何进一步有效的支持青年人创业就业,提供了有力的价值启示。例如,其创新为当地一些传统行业展示了原有产业链在整合、提升上的新空间,以及创新发力的新路径,并为当地的双创发展形成良好的示范样板,呈现出当地基层经济实践的新面貌和发展自信,为当地企业高效、低风险的助力创业就业,提供了更加务实的实践范式等效果,已成为当地管理部门的重点关注内容,进而为D公司赢得了更广泛的政策和社会支持。就这些方面来说,其通过简约策划的创新作用,取得了良好的经济效益，也收获不错的社会效益。

五、E 糯谷酒：小酒厂中大道场
（一）背景说明

  糯谷酒源自贵州、重庆、四川、湖南等西南农村地区居民自制的清香型米酿白酒（30～40 度），被誉为"藏于乡间大地的中国名酒"，其甘甜清醇、清香四溢、顺爽口可，在近年来，成为不少爱酒人士除了传统酱酒之外的另一清新之选，特别受到当代青年消费者的青睐，被称为中国新一代酒民的新选择。而这一传承民间米酒酿造工艺的产品，正成为当下酒类消费生态中的一个新物种，逐步走向全国市场。其中，来自西南某市的 E 糯谷酒，是众多同类产品中的优秀产品，自 E 企业在 20 世纪 90 年代初创立 E 糯谷酒品牌以来，一直备受当地消费者的喜爱，成为家庭聚会、友情聚会、商务沟通等情感交流场景中的酒类主角。为进一步打探及拓展周边省市的市场，E 糯谷酒也准备在原来自建销售体系的基础上，引入以线下销售为主的大中型销售代理渠道，深度稳健地进入周边省市酒类市场。（E 企业认为当下的网络销售渠道太多太滥，即使做小众营销、走圈层客群，尚且都存在风险，还别说面向大众市场了，所以其拓展周边市场的渠道，以线下渠道为主。）

  虽然在当地有一定名气，但 E 糯谷酒自身产能并不是很大，现阶段主要还是依靠在当地农村某镇上的主酿酒厂（及镇旁后山上小村里分布的一些自酿酒农户），以传统手工制作为主的方式进行生产（地方传统工艺酒类的产能，不是说能扩大就扩大的，一方面是扩大产能的投资不菲，另一方面是酒类市场的跨区竞争激烈，在没有形成较大的跨省域品牌知名度之前，贸然投资扩大产能，试错风险很高）。E 糯谷酒当时积极邀请了一些较有实力的渠道代理商进行合作协商，并请他们参观了镇上厂区后，却遇到了麻烦：虽然其糯谷酒被代理商认为质量上乘，但这些挑剔的参观者，基于其厂区的考察现状，还是认为 E 企业是"三无型企业"——无生产或产业上的文化魅力、无特别的生产优势、无市场运营的创新能力。所有邀请来的渠道代理商，均无一家愿与 E 糯谷酒进行合作。

但若选择一些网络代理商，或只能做局部细分市场的代理商，则市场风险和机会成本太高，因为在市场上打拼多年的 E 企业管理者深知，自己作为一家小中型地方特色酒企业，是没办法掌握周边省市的市场大数据、消费大信息的，在没有参透相关数据信息之前，主观进入一些所谓的细分市场，看似能"聚焦视野、集中兵力"，但实质上就是投机冒险。而 E 糯谷酒本身在诸如家庭聚会、友情聚会、商务沟通等消费中，体现出的就是一种"大众酒"的消费特征，所以先借助以大众酒、广众酒为主要代理商品的线下大中型渠道代理商，将 E 糯谷酒以大众酒的形式推向市场后，再根据市场上的不同客群、不同地区的消费倾向，来作不同客群、地区的细分市场切入，方为更稳妥、更保险的做法。而大中型线下销售代理商对 E 糯谷酒这类地方产品进行选择的主要方式，除了将产品质量、货源服务等作为合作前景的评估标准之外，还将对企业的酒类生产基地的参观、考察感受，作为重要的评估标准。

既然产品质量、货源没问题，那么让大中型代理商在对 E 糯谷酒生产基地考察后，留下良好的印象，就成为 E 企业的重要任务，之前笔者也给 E 企业的管理层推介过简约策划方法，并获对方的高度认同，所以在解决 E 糯谷酒前述问题的过程中，E 企业在同步采取其他办法来解决问题的同时，也采用了该方法进行策划应对。（E 企业认为应多管齐下才更可靠，经过后面的效果对比，他们认为还是简约策划方法，在效率和成效上更加突出、明显。）

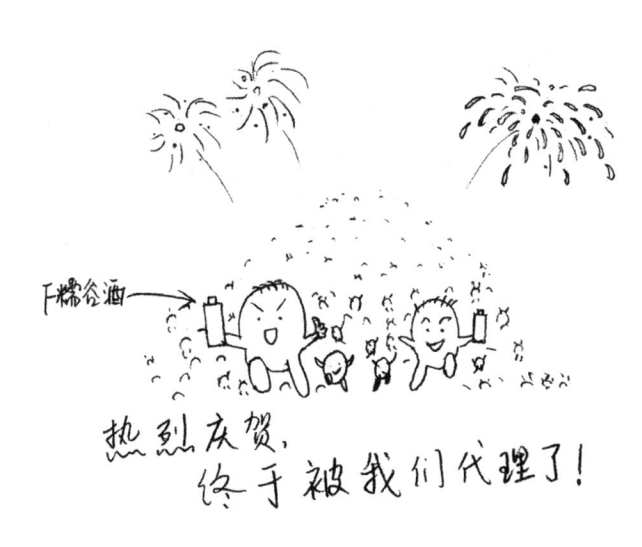

策划，论 E 糯谷酒与大中型代理商之间的地位转化

（二）简约策划基础逻辑
1. 第一步"真问题"

正如前述，E 糯谷酒在引进代理商的时候，面临着线上网销代理商泛滥（销售风险难以控制）、细分市场进入风险大（市场数据信息难掌握）等现状，所以选择以大中型线下代理商（相关代理商也有网络销售渠道，可形成线下实体店与线上销售结合）进行合作、"先大众后再细分"的做法，是适合市场客观现实的。并且，从当地市场上多数成功的酒业品牌来看，选择大中型线下代理商，正是这些酒业稳步拓展、深化市场，能保持畅销的关键。

同时，经过 E 企业管理层的亲自调研，市场上的代理商对预合作企业进行选择的方式中，考察参观该企业的生产基地，乃是重头戏，因为代理商会从中了解和发现企业的各项优势与短处，特别是对企业及产品的品牌文化特色、生产能力、运营创新力的详细考察，亦是其中的重中之重。并且，这种情况并非存在于少数地区和部分企业，经 E 企业的认真观察，绝大多数代理商，特别是大中型实力代理商，在选择与谁合作的过程中，对酒类生产企业进行实地的了解，从而对合作前景进行评估，已成为当下行业中，酒厂企业与渠道代理商作双向选择时的常态。除非是一些在品牌影响力上，已形成全国知名度的大型酒业，否则都必须过这一关。所以，让大中型代理商在对 E 糯谷酒生产基地考察后，要留下良好的印象，正是简约策划需面对的真问题。（如果前面的考察都未过关，就别说后续进行商务合作谈判时的各种选择标准了。）

而相关代理商在未来对 E 糯谷酒的生产状态，进行考察参观时，是不是仍以 E 糯谷酒是否具备文化魅力、特有生产优势、市场创新能力等内容，作为能否合作的主要评估要素？E 企业管理层认为，既然前面来考察过的渠道代理商，已经在这三个方面提出了相关批评，同时，经过对市场的亲自调研，也发现了这三点对影响合作与否绝对重要，那么，在打造生产基地对渠道代理商的"良好印象"时，就应充分考虑这三点，作为良好印象打造的主要出发点。

2. 第二步"想方向"

要让代理商对生产基地（以厂区为主）留下良好印象，首先就要对厂区生产环境进行改建，让之后来参观的渠道代理商们，一看到 E 糯谷酒在小镇上的酒厂环境，就感觉环境总体不错，认为此厂、此地、此企业，颇具主题文化特色、颇有突出生产优势、颇显运营创新能力。目前其厂区环境，与一些大中型酒业集团企业相比，确实显得实力不足，也颇为简陋，包括生产工具、生产流程、具体的工法技术等，皆是围绕传统的糯谷酒手工化制作为基础，动辄就是竹编的选米台、木制的发酵坑、铜式的蒸馏盖和蒸酒桶、青石制的留酒槽和静酒池、后山上山洞中的存酒场等，显得很土气，没有一丝高科技酒业的感觉，但 E 糯谷酒虽是"一个名不见经传的小酒厂"，

简约策划 | JIANYUECEHUA

却也有自己的"骨气、硬气",即其酒液产品的全部生产过程,皆是按民间传统工艺进行,从绿色糯谷的采收,到对引酒糯谷的筛选,到蒸谷配曲,到厂内规模化发酵,到中间的厚醇过程,到上锅蒸馏发酒、留酒,到入库前的静酒,再到对放入山洞中的陶制酒缸进行垫、盖、添、摇等所有过程,均有其工艺妙方和密传技艺,完全按原生态条件进行生产加工,主打纯香醇甜,绝无任何化学添加,体现了中华民族传统制酒过程中,崇尚自然生态的文化内涵。

而市场上少数自吹拥有传统工艺、产能实力强大的所谓同类产品,是不敢轻易开放其生产厂区的,因为一走进其厂区,就会发现"全是机械生产,皆疑化学勾兑",说的做的不一致,在代理商面前反倒硬不起腰杆来。既然有工艺传承、民间技术等文化底蕴在里边,E糯谷酒的生产基地就不怕无法进行改变、提升和美化,就能打造出文化魅力、优势生产力、创新吸引力来,所以,在解决的方向上,可以对其酒厂等生产基地进行打造、优化,以预设的直接方向来解决问题。

但纵观其整个厂区的现实,其厂区还是太小,仅是原来小镇上一个较大型的手工酒坊罢了(代理商参观时,基本都嫌山路难爬,根本没去过E企业在小镇后山上的存酒洞),所以在塑造文化特色、生产优势、创新实力等方面,还是略显薄弱。为此,不可能百分之百的全部利用其酒厂环境的提升,来形成对代理商的良好印象。那么,还必须用间接手段,即采取预设的间接方向,以间接化的应对措施,来解决相应的问题。

其中在市场运营创新能力上,要给各家代理商留下不错的印象,这一项的难度还真不小,还不能单方面的只通过直接调整厂区形象,以及用间接的手段、手法来迂回解决,还必须按制造条件下的方向设置,来为代理商如何看待E糯谷酒的创新能力,先制造一个"改变其传统观念"的条件环境,或形成一个市场上没有过的新概念界限,以"唤新"各家代理商前来考察时的印象。所以，总体来说，在解决如何让渠道代理商留下"良好印象"这一问题时，综合考虑到文化魅力、生产优势、市场创新这三个重要的考察、评估要素，在问题解决的方向上，需要综合采用直接、间接方向，加上制造条件下的机动方向。

3. 第三步"寻资源或找条件"

上述问题解决的方向分析很清晰，经过共轭性分析，解决代理商认为缺乏文化特色、生产优势、运营创新的资源，主要分为几大类。

第一，就是前述中所说的，颇为"土里土气"、简陋，仍在进行传统纯手工化生产的小镇酒厂，里边的传统生产工具、古法生产流程、民间工法技艺，包括那些传统的选米台、发酵坑、蒸馏盖、蒸酒桶、留酒槽、静酒池等，不但代表了传统的民间制酒文化，还体现了 E 企业对文化传统的珍视、继承。虽然看起来与工业机械化生产背景不相符，但对这一表面上看似"负性"的资源，进行充分利用，通过美化其建筑外立面进行装修装饰设计，对传统工艺流程进行形式再创新，以及融入极具民俗风情、文化仪式感的生产活动等手段，完全可以将上述"负性"资源，转化为"正性"资源，起到打造、展现"良好印象"的作用。特别是与某些不敢轻易开放厂区的所谓工业规模化酒企相比，更能激发起代理商群体的参观兴趣。同时，E 糯谷酒的产量也不太大，正好与当地消费者所反感的"某些企业为追求利润而盲目扩大所谓产能，导致原有产品质量失稳"等现象相反，体现出 E 企业求质定量、为质限量的精品生产意识，这一看似负性的形象，也可转化为正性资源起作用。

第二，E 糯谷酒生产出来之后，要存放进小镇后山上山洞中的存酒场，其间，那些的抛高选缸、合酒入缸、敬缸入洞，以及对放入山洞的存酒，经常进行垫、盖、添、摇等洞存"保养"的传统存酒技法，特别是 E 糯谷酒在其洞存期内，按当地特有的"酒缸离地三寸三（存酒的酒缸不能直接放在洞内地上）、年份越久越高垫（年份越久的存酒在洞内要越往高处放）、起雾开洞增甘甜（山上起雾时存酒洞的大门要打开通风）、下雨酒缸盖层绵（下雨天时所有酒缸上都要盖一层棉被）、半年热水温酒洞（每隔半年所有存酒缸都要用温水慢冲外部一次）、一月一摇振香醇（每月都要轻轻摇晃酒缸一次）、开缸之后添一碗（存酒开缸之后要立即添一碗老酒增加醇度）"等密传技艺，及其以特有的方式进行存洞、养酒的过程，也是一种原已存在的潜性资源，这类资源条件，自带且富含遵循自然法则、打造生态产品的特质，正好能助力其生产优势这一"印象"的优化。

第三，纵观整个小镇周边的各个村庄，特别是离小镇最近的后山上的小村落（后山坡上有二十多户村民），几乎家家户户皆有自酿农家糯谷酒的习惯，且每一家的酒水风味及酿酒技艺是各有千秋、自成一体，在当地根本就不愁找不到高明的酿酒师傅、高超技艺者。同时，当地的糯谷粮食，皆是非转基因的土生品种，且当地政府为了保护绿色生态，在近年来也大力推广一些非化学类的病虫害防治方法，所以其酿酒的糯谷酒基，可以说是绿色生态产品。而当地农家每年采收新糯谷（糯性稻米）时的打谷活动，也很有特色，祭谷祖、迎首穗、打谷舞、乐谷歌、入谷戏、谢谷坝坝宴等活动，充满民俗文化风情，展现出当地村民对美好生活的向往。所以这些也是值得采用的软性资源，其基于民俗文化、技艺的行动力，一旦整合起来，也将形成"很硬朗、有规模"的硬性表现力。

第四，酒厂旁边的后山，山势起伏，从山下至山上小村落处，直至山顶，坡度均很平缓，小镇与山上人家及山顶，由一条石板路相连，正好可以缓步上下，山顶处有当地民间土山神的旧式龛廊一座，很有土味特色。立于山顶往下看，山体与小镇融合一体，颇具山清水秀、绿脉旺盛的画境，特别是山间小村落的各家农户，散落于山坡之间，每一户与周边的茂林修林皆相映成趣，或林屋映影，或坐卧青翠，或户田相依，每当午、晚之时，炊烟袅袅升起，一派农家闲逸的烟火气。绿水青山就是金山银山，这种存在于人文精神深处的风光，正是可资借助的软性资源，可采用创意将其转化为支持良好印象的硬性条件。

第五，当代一些具有互联网精神，且令消费者、市场会感到惊喜的营销手段、方式，虽然在眼下与E糯谷酒的市场运营无关，但也可作为一种虚性资源，可适时转化为助力市场创新的实性资源。

4. 第四步"成创意"

经过对解题资源的分析、收集，发现这些资源条件还是颇为丰富，远比根据此前代理商的评价，所设想的要好很多，E企业邀请了一些专门从事酒类品牌策划、酒类销售代理、文化包装策划、非遗民俗研究、生产流程管理等工作的专家，采用多人头脑风暴法，一起形成如下创意策略，有效提升了渠道代理商在后续考察中，对E糯谷酒的良好印象。

第一，对整个厂区中，有利于代理商留下良好印象的所有"关键接触点"进行分析、筛选（接触、关注、留意的程度和频率较高的地方、空间、位置、视角等），选择出其中较重要的关键接触点，引入相应的建筑、装修规划设计单位，在充分考虑成本可控、稳步支出的情况下，对这些关键接触点，进行相应的"再包装"，尽最大的设计创新功效，尽量展现出一个采用民间非遗工艺、使用手工技术、应用传统制酿工具的古法制酒工场和仿古生产流程，让考察、参观者进入厂区一看，就能发现原来这家企业是严格按照传统的糯谷酒生产方式，中规中矩、实实在在地进行着生产，并非产能不足（在对厂区直接进行改造时，也制造一个"改变其传统观念"的条件环境，或形成另一套比较标准和新概念）。同时，邀请当地区县话剧歌舞团的动作、舞美、台词等指导专家，帮助在厂区生产线上出现的所有工作人员，设计相应的仿古工作服、设计工人劳作时的动作表演化、指导交流时所用说辞及礼仪、对生产所用器具作古风装饰设计。这样一来，不但美化了相应的参观环境，还能体现企业实事求是，全部按照传统民间技艺、进行纯手工生产的诚信形象，还可特别突出 E 糯谷酒严格按照生产技术进行定量生产，不因过度扩张生意，而影响其品质的核心生产优势。

第二，在对酒厂关键接触点的再包装设计中，重头戏是将整个酒厂，结合其非遗古法生产性、传统技艺展示性，进行功能分区，即分为生产展示中心、工艺传承研究所、技艺学习中心、洞藏体验中心，以及小型糯谷酒博物馆这五个版块。生产展示中心即以古法展示酒水从采料、选谷、配曲、发酵、厚醇、蒸馏、发酒、留酒、静酒等全生产过程，加以相应的生产表演形式，让技艺和生产的展示性更充足。工艺传承研究所即专程进行相关非遗工艺、文化的研究中心，以专业研究为主，仅作学术性交流和展示；技艺学习中心，则是展示传统采料、制酒、存酒（洞藏）等方法、知识的学习、体验和考核中心，配以相应的学习仪式感，更具参观性。位于后山上的存酒洞，则成为洞藏体验中心，展示当地特有的藏酒形式、存酒文化，相关藏酒方法、存取酒活动，以及各个年份的存酒阵容。小型糯谷酒博物馆主要展现全国各地，以及当地 E 糯谷酒为主的系列产品和相关文化、历史、传记，以产品文化展博、品酒体验为主。结合厂区的外立面、装修装饰设计，以及融入民俗风情、文化仪式较强感的生产流程、形象展博等创新，原有以生产为重心、布局颇有些纷乱的 E 糯谷酒厂，全面实现华丽的变身。

第三，在进行厂区改建的同时，E 企业在当地文旅、商务等管理部门的指导下，对前述中 E 糯谷酒的原生糯谷采收风俗、传统生产技术，特别是洞藏糯谷酒的洞藏洞存酒工艺等，全部进行地方非遗文化和传统技艺的申报（省市级申报），并在相关管理部门的严格评估下，顺利实现成功申报，成为当地糯谷酒传统产生技法的首席传承者。如此一来，至少在周边市场上，未来关于糯谷酒产品的制作方法、品质标准、口感香型等，将以 E 糯谷酒作为引领标准，就不是一个是否可能的问题了，因为其申遗的成功，

第六章 实践范例

已形成了标准化竞争的基础。(此后,E企业已就其相关技术,开始申报国家及行业性生产标准,但该申报过程比较长)

第四,但仅靠一个工坊式厂区环境、生产流程的优化改造,以及厂区功能的划分,只能作为给代理商留下"良好印象"的加分基础项,还需要加入其他的加分项,才能将产生良好印象的效果,叠加至更高的水平。而酒厂旁的后山及山上的小村落、村民等资源,正好能加入创意策略中。即借助后山的自然风光,将整个后山变成一个具有酒文化体验的自然民宿群落(高级农家乐),以此加强对E糯谷酒形象的支持作用。

先将山下至山顶连接民间山神龛廊的石板路全部加宽、修通,形成一个可以俯瞰山林、小镇的观光步道,然后将此步道与小村落中的部分民居相连,形成一个既可前往这些乡居,又可登上山顶的小型路网(同时,将山顶的龛廊改旧如旧进行修葺,作为一个文化体验点)。之后,再从山上村落二十多户人家中,结合其户主、家人平常待人接客时的精神面貌,以及家庭自酿糯谷酒的技艺水平,选择一些在建筑外形、地形地貌、户型空间等方面,具有可改造性、美化性,且具备环境吸引力的农户人家,与其进行深入交流,以"帮助你家进行重新的设计包装,把你家打造成餐饮主导型的民宿(突出品酒、餐饮上的特色),对你们全家进行免费的民宿经营培训(不共享赢利),同时,E企业将收购你家的自产糯谷酒(共享赢利)"的合作承诺,吸引他们与E企业合作,帮他们把山上的农居发展成为民宿,并为其颁牌,聘请他们为E糯谷酒的传统非遗技艺顾问。因为平常这些农户主要是中老年人在家,子女多外出打工,一是本来就闲来无事;二是也想凭自己的劳动继续自食其力;三是有人出钱帮他们重新进行房屋内外的改装,何乐不为;四是长期闲居山上,除了山下少数镇民和酒厂人员,他们与外界来访者的交往不多,也希望多有来客,能见见面、说说话,以慰山居孤闷;五是小镇离当地主城区不过一小时车程,且夏秋两季的天气温和，按最大接待量计算（假设二十多户全部改建为民宿），来客量基本有保障。所以，此合作获得村民认同的难度应该不大（后来知得，共有九家农户与E企业签下合作协议，积极地参与、配合）。

第五，在这些民宿中，原居民除了可以经营民宿、餐饮（必须经过餐饮、服务等培训）之外，还可以继续酿制其家自产的糯谷酒，作为具有互联网精神的"特色商品"（后文中有专门介绍），由E企业统一销售（也可由其向民宿来客自行销售，E企业帮助他们进行专业的卫生、健康、保存等专业化培训，并为其办理相应的工商、卫生等经营许可执照）。因为山上的每户村民除了皆会酿酒，且每户酿酒的品质，在其自家的风味风格之下，均能保持很稳定的状态，例如其甜醇感、酒劲、香度、稠度、透明度、酒花量、酒精度等都很为稳定，具有特色产品的特质。并且，当地的自酿酒，还有入果添味的习惯，例如，加入金樱子、刺果（覆盆果）、草红果（中华原生草莓）、橘子、樱桃、杏果等具有保健作用的当地特色水果，成为更有特色的糯谷果酒。

当有客人考察了颇具特色的小镇酒厂、山上存酒洞之后，还可步行十多分钟，将其引至后山小村中，通过绿树间的步道，走一走这家农户，访一访那家民宿，看一看当地原生态乡居酿酒的技艺，体验一顿可口的山村农家美食（E企业给予一定费用作为补贴），再品一品其自酿的特色糯谷白酒和糯谷果酒。同时，还能于席间欣赏一下民宿农家颇具趣味的祭谷祖、迎首穗、打谷舞、乐谷歌等自娱自乐的民俗余兴节目。再结合上民宿户主作为E糯谷酒特聘的"传统非遗技艺顾问"形象，那么，E糯谷酒这个品牌，在代理商眼中，是否拥有突出的文化魅力、特别的生产优势，则自然是不言而喻、不在话下。（跟对酒厂环境的改进一样，E企业也很注重对农居的民宿化改装成本、改装效果，以及对农户进行接待、仪态、餐饮等服务培训的成本和效果。因为E企业在创意策略中，抓住了一个重点，就是坚持通过建筑、装修等在设计艺术感上的大幅提升，能以更低廉的建筑、装修材料，形成更好的改建效果，包括抓住餐饮烹饪、接待等重点服务内容进行培训，也能以低成本形成事半功倍的效果。）

第六，除了代理商可参观的酒厂、酒洞、民宿群等现场考察的显性内容外，E企业还借助具有互联网精神的营销手段、方式，将E糯谷酒的市场运营进行了大胆的创新。首先，将企业在一些代理商眼中所谓的产能、产量不足，重新进行诠释宣传，直截了当地展现其主要生产方式为传统手工技艺酿酒，非机械工业、化学操作的大规模酿酒，产品更健康、更生态、更环保，但因产量有限，所以将向市场进行限量供应，进行定制化供给。将原有的单向推销策略，创新调整为"饥饿营销"策略，并与某知名在线精品销售平台合作，通过当地及省域级互联网、新媒体渠道，推送E企业给消费者的"致歉信"，主要内容为"E糯谷酒因沿袭古法制作，品质上乘，备受消费者青睐，但因传统工艺的产能有限，无法满足市场上所有的零售购买，所以在此向消费者致歉。而欲购买者，需在某网络平台上提前定制"，正式推出基于饥饿营销的"定制化"销售方式（E糯谷酒在当地市场基本处于热销状态，很少有存货，与其无货可销，不如借"无货"来进行策划），之后，再以网络定制为主、结合部分零售的方式，向市场充分展现其产品优质、抢手的限量热销形象。

同时，针对前述山上村落中，各家推出的、品质稳定且各有特色的自酿糯谷酒（考虑到小村落的产能不足，也包括了当地其他一些农户的优质自酿酒），推出经过E企业包装、检验过的互联网化"特色商品"——糯谷果酒，以性价比手段（低价、高健康、高品质），结合特色鲜明的包装设计，将其统一打造为当下酒类行业一直都在尝试的"酒盲盒"产品，正式形成"糯谷盲盒酒"，采取盲盒化的形式，借助性价比、特色包装的吸引力，推广进入市场，以争取博得最大的品牌关注度和消费兴趣（经后续了解，这一创意起到了很好的推广作用）。

　　因为在当地及周边市场上，E糯谷酒已具有较高的知名度和美誉度，此时推出"糯谷盲盒酒"，一方面迎合了近年来市场上，由盲盒玩具等主流"盲化消费"所引发的，"一切皆盲盒"式的舆论热潮和趣味心态；另一方面也以其产品的优秀品质和品牌形象，结合惊喜的价格优惠（性价比），正面回应了当下不少消费者对"盲盒类酒产品质量不稳定"的质疑，为市场提供了一个积极的消费升级回馈；再一方面，当地村民以糯谷酒为基酒，在酒中加入各种果品的民间创新（据统计共有16种果品风味），形成了较丰富的味型、香型、口感、年份、度数、包装等内容，不但为喜爱糯谷酒的消费者提供了多样化的选择，还为他们提供了非常有趣的"盲盒幸运"式消费体验（例如，在打开E盲盒的包装前，可以先扫描包装上的二维码，在互联交流界面上，输入开瓶人所猜测的水果味型、香型等，若成功猜中，则马上由网络定制平台返还较高的现金奖励；猜同一瓶糯谷酒的参与人数越多，则根据参与者中成功人数的比例，进行奖励增减；并且，奖励还可以进行累积，若放弃前面的现金奖励，则可按随机的幸运乘数，累加到后续的猜酒活动中，参与者或能爆出返款大奖，或小有赠送收获，皆令人惊喜不断）。

　　同时，还结合线上、线下的社会化营销活动，放大E糯谷酒的品牌创新知名度，例如，在当地举办的"E糯谷暖万街"活动——身着国风汉服的姑娘们在街头，为最可爱的街头一线工作者，在冬日寒风中，送上一口暖身的E糯谷酒；"故乡糯谷美，非遗人人学"活动——邀请当地的家庭居民，来到酒厂所在的小镇，跟随E企业的非遗传承人和非遗技艺顾问，共同学习当地原生态糯谷酒的制作方法；"乡间藏名酒，醉美艺术家"活动——与全国及当地的各种艺术家一道，畅饮E糯谷酒，待众人微醺或酩酊之际，再来即兴进行艺术创作，然后通过在线方式，由消费者点评、评分等，以较低的成本，放大了其市场运营创新的社会参与性和品牌渗透力。通过这样的策略，E糯谷酒在渠道代理商眼中，将绝非一个在市场运营上，缺乏高度创新能力的品牌。

5. 第五步"有保障"

E企业的管理层，认为上述创意策略具有很高的可行性，非常适时适用，因为要解决企业市场拓展的最关键因素，还在于通过线下渠道代理商，逐步走向周边省市的消费市场。并且，即使无法在短期内扩大销售通路、增加销售渠道，上述创意策略也能在很大程度上，提升E糯谷酒的文化底蕴和品牌形象，为未来的市场深耕，打下坚实基础。且在头脑风暴法形成创意策略后的几周内，E企业又针对创意策略可能需要花销的成本，进行了初步的预算分析，发现其在可控范围内，例如，厂区和民宿改建成本控制，若采用低价建筑及装修所用的旧材料（有相应的旧货采购市场），通过设计单位创作出的优秀设计，来将旧物充分利用，则能形成"改旧如旧"的古朴、原生观感，成本将非常低；又例如，在对山上村民进行民宿经营培训时，对其接待、礼仪、语言、餐饮烹饪等技术进行专业培训，其培训费也并不高。所以，对创意策略的实施落地，管理层非常看好。

而从落地层面来看，创意策略的内容比较多，形成了必须系统化展开的工作，且其重点就在于实施、推进，而实施、推进时的重点，主要又有三个：首先，在相关的设计创新上，既要体现出创意策略的意图，又要合理、有效控制成本，并以"成本最低化、形象最大化"作为底线，例如厂区环境改善中的分区和装修、民宿改建中的外立面和内装修、山中步道和山神龛廊的改建、村民经营民宿的相应培训、村民自产糯谷酒的包装、对网络销售平台的合作投入等，一不谨慎就会变成"花了大钱，只办小事"；其次，就是对厂区、民宿区、酒产品等相关文化特色、文化体验性的植入，必须要形成一整套文化符号、文化动作、文化语言、文化图像等表现，因为古法、非遗、民间技艺等内容，不等无主题式、无规制、无连贯性的表现，若仅以简单的、表象性的乡土味、民俗风等作为主要表现形式，则根本无法体现从文化到产能，再到创新上的特质；最后，就是整个创意策略，要求企业内部各部门间紧密合作，对上述每个策略点的实施工作，全部要落实到人，落实到事，落实到效果，而不是仅将这些策略看作管理层的一时之想，必须作为工作任务中的重中之重，一方面应有效提升代理商对企业、产品的良好预期感受，另一方面，应将此作为一场企业整体的品牌文化创新运动，所以必须保持高度的配合、协作和沟通。

在 E 企业管理层的主持下，专门成立了相应非临时性、固定化的领导小组，就 E 糯谷酒对代理商形成"良好印象"这一任务，以"创新费效比"为指导原则，领导、组织、指挥和协调相关部门，共同参与、共同实施，并根据总体策划任务，设计出相应的工作计划和指导方案，依据测算的整体运作成本及阶段性投入成本，按步骤安排相应的落地事宜，在人、事、权、责统一的基础上，形成了专项计划考核指标，稳步推进前述创意策略的实施。

（三）实施效果

E 企业采用简约策划形成的创意策略在实施半年多之后，就取得了很显著的五个成效，也发现了三个不足。

成效一，通过对生产厂区、存酒洞、后山村庄、生产流程、制酒技艺、后山村民、山间民宿、民俗文化等要素的整合、包装化创新，有效地改观了后续考察的渠道代理商（包括部分之前已考察过的代理商），对于 E 企业、E 糯谷酒缺乏文化魅力、生产优势、市场创新的"三无"负面印象，建立起其对企业和产品的良好印象，也形成了对企业的全新认知，促成了实力代理商与 E 企业的合作，为 E 糯谷酒拓展周边省市，取得了首战胜利（而 E 企业管理层的预计是，最迟一年左右，才能搭建出新销售渠道，现状是相当于提前了半年，就实现了新渠道的逐步搭建）。

成效二，推动企业在市场中的形象，由原有的糯谷酒消费、产品、技术等行业追随者地位，逐步向行业先导者、引领者地位，进行转化，并在文化、生产和市场创新上，逐步走出了传统酒类企业运营的思维旧区，进行了大胆的创新尝试。

成效三，通过对厂区形象的生产文化包装，对采集原材料、制酒和洞藏等非遗技艺文化的申报，对生产艺术化的提炼总结，以及对当地民俗文化的演绎再现，对民间酒文化进行了系统性的再创新。在此基础之上，E企业将其如何打造自身核心竞争力的做法，形成了一套属于自己的方式、打法及实践理论。

成效四，从F公司遇到"印象"问题开始，就主动采用简约策划方法，对问题、解决方向、资源条件、创意形成等，组建相应班子做分析研究、筹划实施，充分调动了公司全体员工学策划、用策划的积极性，并为其企业核心能力建设，提供了一次高效的实战经历，促进了全体员工在问题应对思维上的共同进步。

成效五，促进了当地的地方品牌发展，并为地方文化如何转化为经济竞争力，提供了一个良好的实践性示范，据了解，半年后，除后山上的村民之外，还带动了小镇周边民宿、农家乐群体的整体发展，有力地展现企业经济行为的社会效益，为当地经济的产文融合、产农融合、文旅商融合，进行了成功的创新性尝试，更为当地百姓带来了实实在在的收入。

不足之处主要有三点：第一，在企业开始实施相应的创意策略后，才发现除了创意策略要求的主要工作之外，其他的辅助性工作也较多，这就说明当时在进行头脑风暴创意时，对后续的这些辅助工作内容，考虑得较少，特别是贯穿整个厂区形象改善、功能区划分、存酒洞内环境调整、山体步道动线主题、民宿农家文化、糯谷酒历史源流、制酒技艺文化、藏酒技艺文化、粮食采收文化等主要环境所需的文化主题、内容、表现和延展，考虑得太少，以至于后续 E 企业在后期，又继续进行了几次头脑风暴会来解决上述问题，所以在今后的简约策划应用中，应充分吸纳这一"前期思考未打通全面"的问题；第二，在应对问题的资源、条件上，还应打开眼界，将眼光放诸除本地资源、同行业条件之外的领域，吸收更多、更广泛的资源因素，而不是仅满足于现有资源带来的便利，例如，在对后山上山神龛廊的资源利用，就只思考到了这一资源的本体，且创意策略只是提出对该龛廊进行"修旧如旧"的修复，而没有对神龛背后的故事、土山神的传说、此类故事传说与酒文化的关联、与山上农户的关联、其他地区类似资源的应用情况等，进行更深入的选择和发掘，未将每个资源的最大潜力，进行极致的发挥；第三，在考虑创意策略的实施时，未形成对整体运作成本进行提前的分析、预算和推演的概念，未将成本概念带入到简约策划中，都还是在 E 企业管理者的指示下，于策略推进前，对成本进行分析预算后，创意策略才获得了内部的一致认同。这也说明在策划中，应将"创新费效比"作为更有保障的指导原则，坚持减少实施中的不确定性，将成本控制为主的风险控制思维，有效地落实到简约策划的全过程中。

后 记

至此，关于"简约策划"从缘起、思考、研究、探索，再到实践应用的主要过程，已在上述内容中进行了详细说明，希望总结的这一套策划方法，能帮助广大在策划上初步入门的朋友更好地理解策划、更好地学习策划、更方便地掌握策划，在未来走出更精彩的策划之道、创新出更有效的策划方法。同时，也希望那些对策划感兴趣的、想进一步了解策划的朋友们，也能从中得到不同的收获。谢谢你们的认同和理解！

一、一些忧虑：入门基础类太少，互联网说太多

但笔者还是想借此表达一下，对当前部分策划类学习作品、理论读物的一些忧虑。

一方面，是现有一些讲述策划理论、知识、方法或技术的作品中，很少有人写作策划入门类、基础类的内容，为此也咨询过不少研究机构和专业作者，得到的回答主要是"策划入门类知识不是现阶段图书市场主流吧？""策划没啥可写的，自己去学市场营销理论吧！""策划？不是企业员工都会用吗？干嘛要写这方面的？""现在互联网经营这么发达，谁还用策划？"……直到笔者受到一位管理界前辈的指点，才恍然大悟。

前辈指出，入门类、基础类策划知识作品较少的原因，主要有三个。

第一就是大约二十年前，有过一波策划类作品的出版高潮，但当时主要的内容，多以各类策划案例为主，少有升华为理论成果的，这种沉迷于案例窠臼的内容创作态势，对市场的影响就相当于练武术时"练拳不练功，到老一场空"，并未彻底从理论层级上，形成基于企业经营实践的中国化

咨询理论，更未推动企业界对策划能力概念的共识，结果可想而知。

第二就是国内对企业管理、市场营销、品牌推广等理论的教学和研究，仍旧受制于西方传统理论的影响，从小的方面来说，就是仍未跳出西方MBA教学的理论范畴，在企业运营理论、方法和技术创新上，主要还是在走人家的老路，很需要结合中国大量的市场策划实践，推出一套适应当代中国企业、市场现状和环境的教学体系，才能在当代企业引入相应管理、营销、市场类人才时，彻底从"经理人"群体的观念中，搬掉走人家老路的思维惯性。

第三就是做策划入门类、基础类知识的研究，从其梳理、归类、分析，到总结、归纳和提炼为一套理论或方法，本来就是一个花时间、耗精力、磨元气的事情，但现在社会浮躁，特别是互联网环境兴起后，则浮躁变急躁，对此愿做钩深致远之思者不多，虽然也有，但多数为一些大学老师、院校学者，写出来的东西，往往过于学术、概念化，而在此基础上愿坚持研精覃思之人则更少。

前辈的忧虑，在实质上比笔者更加深远，他以笔者曾举例的德、日两国相关专业作品非常丰富、创作繁盛为例，指出"若没有入门、基础类的东西，无法助他人能以更轻快的捷径来关注、了解和学习，乃至喜爱这一套东西，何来往更高层次的发展！"

另一方面，就是当代的相关作品、读物，涉及互联网市场推广、运营等方面的非常多，以至于笔者就此向好几家一线电商集团的主要领导、中层进行求证、咨询时，得到的最多回答就是"现在主打互联网的太多，真不知该读哪些！"笔者为了研究这些作品的写作内容，也在近三年内，阅读了多部近年市场力荐的作品，读后有一种强烈的感受：这类作品的主要内容，多数都是在说如何将市场营销，与网络渠道搭建、互动式推广、视频化创作、智能化运营、线上线下整合、私域流量营建等互联平台化，进

后 记

行结合，以放大营销效果。但笔者的看法是，这些内容虽比较贴合当代的互联网经营现实，但更适合于对市场营销很熟悉、对策划运作很了解的中高级别策划人员，对他们的帮助更大，基本不适合于初入门水平的策划者。

据笔者结合相关作品在策划人员中所作的调研，发现不少的作品，涉及互联网方面的内容太过深入、学以致用的难度较大，对于策划初入门者，无异于毫无根基的空中楼阁、门路未开的豪宅大院，连入门和基础的都没搞清楚，何来更高级别的理论和方法？更有极少数作品，还有假借互联网概念，对原有市场策划、营销理论和方法进行反复包装后，再跑出来装腔作势的嫌疑。再加之近年来，国内第三产业发展迅猛，进入第三产业的年轻人非常多，虽然年轻人可以在工作中自学成长，但是相关作品、读物的眼光，不能老是放在成熟的职业精英身上，还是要适时回归，对口青年人的真实需求。

二、一分感动：笔者童年所见的"简约策划"

说起来"简约策划"好像是一个专门研究出来的方法，但实质上，从笔者个人的理解来看，简约策划方法一直就存在于大家身边的日常生活和普通工作中，只不过早已司空见惯、感觉迟钝，没有将这套方法中的"真问题、想方向、寻资源或找条件、成创意、有保障"这五个基础逻辑，与生活、工作中的创新细节，进行详细对比，从中感悟简约策划与生活、工作的并行方向罢了。

而笔者于儿时依稀的记忆中，确有一件至今能记起的事情，完全就是简约策划与日常生活并行共存的最佳范例，那件事情就是"小朋友不爱吃正餐，长辈如何巧妙化解"的幸福回忆。这一回忆中的相关情节，正好印证了简约策划的五个基础逻辑，体现出简约策划的问题解决性。而正是这一回忆，让笔者心中顿生原来"简约策划"竟源自家中长辈的念头，且该

简约策划 | JIANYUECEHUA

念头经过脑海中的反复思索，逐步成长为笔者坚持研究、写作"简约策划"的最大驱动力。在此也将该回忆，与大家共同分享，铭感家中长辈在回忆中的启示。

记得笔者当时仅有几岁，身体比较瘦弱、经常生点小病，找医生检查，发现并非身体方面原因，经过家中长辈们交流后，了解到其中的真正原因，是"小朋友不好好吃正餐，正餐吃太少，喜欢吃零食"（找到真问题），而且从隔壁邻居处还了解到，不光是笔者不认真吃饭，连隔壁几家人的小朋友，或多或少的都存在这个问题。

那么这个问题如何解决？隔壁陈奶奶家的陈小妹不认真吃饭，其解决的方式是陈奶奶亲自上阵，每次给小朋友的碗里盛上足量的饭菜，然后由陈奶奶亲自以"直接喂、直接灌，追着喂、追着灌"方式，连哄带骗，让小朋友吃饱，不再打零食的主意（这就是想方向，陈奶奶是按预设的直接方向解决问题）；隔壁张爷爷家的张小弟，则由张爷爷借用"黄荆棍"这一家法的威压，用打屁股作为威胁手段，直接逼着吃（张爷爷也是直接方向上解决）；而对门李阿姨家的小明哥，则是被李阿姨揪着到单位职工医院，连续"参观"了几次专事针头扎屁股的注射室、现场"聆听"了数个小朋友屁股挨针的号啕大哭后，才"吓得"要认真吃饭、少吃零食（李阿姨解决问题方向为预设的间接方向，借助了职工医院注射室及其他小朋友的大哭，以间接手段成功）。

而家中几位长辈一方面认为追着硬喂、硬灌，不利于小朋友形成良好的饮食习惯，另一方面也不愿意通过棒棍、威吓等手段，影响小朋友的心智成长，所以，就换了一个与邻居家不同的方式——长辈自愿提高自己的厨艺、让正餐变得更美味可口、更加诱人（笔者的长辈采用的也是间接方向），吸引小朋友主动吃饱。

后 记

长辈的"策划"：
升级为美食大厨。

简约策划自有源

那怎么来提高自己的厨艺呢，是自己买本菜谱、多烧几个菜来练习？还是……在长辈单位学徒的介绍下，长辈专程来到周边当时一家很牛的国营食堂，找食堂里一位擅长做家常菜的大师傅（这里就是寻资源或找条件，那位食堂的厨师及长辈单位的学徒，就是可借助的资源），搞了一个非正式的拜师，经常向他学习做一些拿手的家常菜，以此提升烹饪技术，特别是做出让小朋友爱吃的可口饭菜。据长辈说，那个师傅很牛，还专程传授了给小朋友做饭时的几个诀窍，那就是"混、彩、香、变、多"这个方法。

长辈在后面的数月中，几乎每周都要跑到师傅那里去学几招，效果还很不错，记得当时一同在家吃饭的几位亲人，食量都开始猛增，有的在一两个月后还长胖了。而长辈给笔者做饭时，则根据学到手的家常菜，以及大师傅教授的"混、彩、香、变、多"，每天换着花样，给笔者做正餐，让小朋友慢慢戒掉了不爱吃正餐、喜欢吃零食的毛病。

所谓的"混"，就是讲求不同的蔬菜、肉类等菜品的混合，不能光吃肉，还要配上蔬菜；"彩"就是菜品、饭食要有多种颜色、富有花样；"香"就是饭食的香味要全，要让小朋友闻着馋得流口水；"变"是指改变原有菜品的形态和味道，让小朋友在没想到的情况下，就开心地吃进肚里；"多"

就是每类菜的分量要少，但形式要多，一菜多吃，让小朋友产生食趣，又不至于腻在一两种菜上。

为了让笔者吃好，除了长辈之外，经常是全家人上阵一起讨论，共同为小朋友的饭出谋划策（成创意，全家采用头脑风暴法来形成创意策略），其成果也颇为丰盛，例如，怕小朋友不吃蔬菜，想出了将先加入胡萝卜、紫皮菜、绿色菜、南瓜、绿豆等蔬菜、豆类，分别烹饪过的米饭，合在一起蒸制的彩色米饭，让人看到就很感食趣；把豆类、花生、核桃，和瓜类、块茎类、叶梗类等蔬菜，和肉类混合在一起，做出汤煮、油炸、红焖等多种手法混合的菜肉丸，换着口味吃；例如，把小朋友不喜欢吃的苦瓜、芹菜等"怪味"蔬菜和鸡蛋、豆腐混在一起，做成香煎蛋饼，让人吃完还想吃；将青椒等土腥味略重的蔬菜，和瘦肉、油渣一起，做成菜包馅，然后裹卜豆皮，蒸制蔬菜酿，小朋友吃着虽有怀疑，但还是认为很香……全面打开了笔者味觉上的想象力和丰富性，让小朋友不再困惑于吃正餐。

长辈认为，光靠大师傅那几手还不行，毕竟孩子还要成长，为了保证小朋友能常吃不同风味的正餐，长辈戴着老花镜，买来了多本菜谱，天天坚持学习菜谱，不断尝试各种新菜品和新烹饪手法，并且还加强对笔者的引导教育，将笔者与"别人家的孩子"进行赞扬式对比，随时鼓励小朋友要认真吃饭、珍惜食物。并且还经常利用与大师傅的关系，带着笔者到外头品尝各位"同门师兄"的手艺，让笔者从此不腻味于正餐的味道。（这就是有保障，学菜谱、抓教育、尝新鲜，从烹饪技术、思想精神、餐饮体验上，加强对"长辈改善自身厨艺"的系统支持和保障）。

看完上面的回忆，大家对简约策划与生活、工作的关系，可能将产生更加深刻的认识，而这段回忆，正应了一句新老结合的话"理论皆灰色，而生命之树常青；策划自有源，于生活工作常用"。

三、一点遗憾：有的内容没有写出来

在此也向大家表示一点遗憾，也就是在简约策划方法的写作中，有些内容，因相应的主客观原因，没有为大家呈现出现，在此向广大读者至以真诚的歉意。未写出来的内容主要有以下几类。

第一，一些涉及科技行业项目、工业互联网、金融产品及品牌等本来已经准备好的内容，在此次没有写出来，其原因在于相关行业、项目、产品和服务，在其商务模式及经营逻辑上，非常复杂，且涉及大量的专业技术，虽然把这些内容的简约策划过程写出来，没任何问题，但对于广大策划初入门者的阅读和学习，则是一件比较困难的事情，所以，在此处将相关内容进行省略，待未来在笔者的其他作品中呈现。

第二，对于一些竞争力的主要支柱为技术运营型的行业、项目，没有在此次写作中呈现，在此首先建议策划初入门者，先学习和了解以市场运营（市场营销、渠道管理、品牌形象、销售平台等）为主要竞争支柱的行业和项目，再逐步了解和学习以技术运营型为主要竞争支柱的行业、项目，毕竟还需要一个深入浅出的过程。

第三，对于市场运营辨识度不太高的，且不易发现其类市场策划基础逻辑的行业（如人工智能、高科技制造等行业），则未进行呈现，因为这类行业的市场运营辨识度，受制于技术信息、技术条件等方面的限制比较多，行业和项目上应用的策划手段、推论逻辑，往往也隐藏在繁复的技术形象之下，作为策划初入门者，即使深入进行梳理，也不一定能发现相应的端倪，即便是策划高手、熟手，也需要配合一定的技术手段支持，才能深入理解。

第四，对于涉及过多商业隐私、知识产权的企业及项目，在本次写作中也未进行呈现。随着国家法规对商业机密、知识产权等竞争要素加强保护，保守商业隐私、维护知识产权，尊重企业及项目合法权益，理应上升为每个公民应共同遵守的社会共识，所以更需要积极响应相关政策号召，遵守相关法律条款，以推动社会共识的大局为重。

四、一心感激：300多家尝试新方法的企业朋友

细细想来，笔者思考、探索并形成简约策划方法的十多年来，一共向诸多的企业朋友，主要进行了四次创新策划方法的推介。第一次是关于策划的时间管理，第二次是简报版策划，第三次是结构模块式策划，第四次为现在采用的简约策划，而前三次皆遭遇全面失败，直至第四次的简约策划方法，才在多家企业的接纳、尝试中，通过逐步调整，慢慢形成了稳定的成功状态。

掐指一算，每一次推介的新方法，从最初概念的思考发想，到形成指导实施的文本资料，每次的时间跨度都不短，而每一次都要麻烦各家企业及其领导、员工，不厌其烦地听取笔者的啰唆介绍，且每一次新方法的应用，都会让这些企业冒着试错的风险，来尝试与其本来毫无关系的实践创新，且这些领导、员工也需要花费大量属于自己的私人时间，来掌握并使用笔者推荐的这些策划方法，很是麻烦人家。

认真数数，这前前后后，一直坚持支持笔者创新方法实践的企业，共计300多家，四次都接受笔者的策划方法，并积极应用的企业管理者，共有300多人，参与其间的初入门级策划人员900多人，敢于尝试应用各类策划方法的项目及产品，共100多个，涉及项目及产品的相关市场运营金额超3亿元，涉及项目及产品总投资金额37亿元……而采用简约策划方法后，策划运营的成功率达7成左右，帮助各家企业在相关策划任务上，省略的工作时间总合超过65%，这些数字的背后，都是企业朋友们的支持。

其实，在笔者心中最关注的地方，就是每次将形成的策划创新方法，提交给这些企业尝试后，他们对创新方法的反馈。每次反馈时，最令笔者

后 记

欣慰的话语就是:"放心,这个我们能看懂;放心,这个我们一定会试用;放心,我们试用的结果已经出来了。"而最令笔者纠结的话语则是:"这次的方法,用起来有些麻烦;这个方法还需要调整;很可惜,这个方法不太好用!"正是这些充满激励和批评的话语,给予了笔者无限的动力,让笔者满怀信心,能大胆地将策划方法的创新探索坚持下去,也让笔者对张载先生的《横渠四句》(为天地立心,为生民立命,为往圣继绝学,为万世开太平)有了更深入的理解,找到了现实中的抓手。而在第四次对简约策划方法的反馈中,朋友们最温柔的一句话,令笔者百感交集、泪水夺眶而出,这一句话就是:"这一回可以了,都能看懂,还比较好用!"

为了这句话,各位参与简约策划实践的朋友们,陪着笔者走过了十多年的时间,当大家一起回首出征路时,才发现"人面颜色仍旧在,华发已在笑春风"!光阴如梭、寸寸皆金,感激之情无以言表,在此谨以最简约的话语,向这300多家支持策划方法创新的企业朋友们,表示最衷心的谢意:"谢谢大家,我爱你们!"

同时,也想向更多关注和支持策划理论、方法创新的朋友们说上一句:"企业之道,学无止境,长关漫道,不改初心!"

在此,也向我的爱人,表示心中最温柔的谢意,因为"简约策划"既不是一个具有绝对逻辑义理性的公式、定理,也并非一个经高度抽象形成的理论概念,而是一个基于社会化实践、局部大众化试错后(不可能做到全大众化)所形成的一套,在一定前提条件下,能获得较高成功率的方法创新或方法论,所以,除了具体应用之外,其客观逻辑上的普适性、辩证性,是否更加贴合于现实,则显得非常重要。而我的爱人,虽然不是经济或管理专业出身,但其天生对比较顺畅或存有疑漏的逻辑推导过程,非常敏感,所以在写作过程中,经常提出各种疑问,且坚持要一问到底,不但经常推翻一些笔者自认为文通字顺、逻辑通畅的内容，并且能及时地发现写作内容中，我从未感觉到的一些细节问题，让我一遍又一遍地将很多已经写好的内容，删掉重新再写。虽然内心纠结，但在看完重写、修改或调整后的文字内容后，却才发现"老婆大人是对的"。别的不多说，为我的爱人（和一直支持我的可爱小朋友）献上一个大大的、温柔的拥抱，是理所当然的。

在此，还要致敬、感恩我们伟大的祖国，只有伟大祖国的繁荣、安定，才能让本书中多姿多彩的基层经济实践，得以有序地开展，并收获丰富的成效，有力地支持简约策划这一创新方法，在不同的企业、项目和工作中更广泛应用；只有伟大祖国的富强、兴盛，才能有助于各行业、各单位及相关个人，坚持对各类经营、管理创新方法和理论的开拓进取，乃至汇集万千众力、众智，使创新全面成为推动社会经济文化高质量发展的强大动力！

参考文献

[1] 成文胜、宫承波.策划学概论新编 [M].北京：中国广播电视出版社，2014.

[2] 张晓岚数字营销策划中心.全民营销 [M].北京：中华工商联合出版社，2021.

[3] 万均.商务策划学 [M].北京：清华大学版社，2015.

[4] 孟韬.互联网时代的大众生产 [M].北京：中国人民大学出版社，2020.

[5] 秦鑫.营销内核：市场、品牌、消费者深层次洞察与创意策划 [M].北京：人民邮电出版社，2020.

[6] 李生校等.企业策划学 [M].北京：科学出版社，2012.

[7] 望月正吾著，周素译.制作打动人心的策划案：视觉传达+故事搭建+高效表达 [M].北京：人民邮电出版社，2017.

[8] 利嘉敏.互联网+企业公关案例与策略 [M].北京：北京时代华文书局，2017.

[9] 王志纲.大国大民：王志纲话说中国人 [M].北京：国际文化出版公司，2020.

[10] 鞠晴江.市场策划·品牌建设·销售模式实用工具大全 [M].北京：化学工业出版社，2016.

[11] 迈克尔·波特著，陈丽芳译.竞争优势 [M].北京：中信出版社，2014.

[12] 洪银兴等.创新经济学 [M].南京：江苏人民出版社，2017.

[13] 江潮.策略：如何在复杂世界里成为高手 [M].成都：四川文艺出

版社，2018.

[14] 丁兴良. 品牌战略与市场策略 [M]. 长春：吉林出版集团，2010.

[15] 托马斯·沃格尔著，陶尚芸译. 创新思维法：打破思维定式，生成有效创意 [M]. 北京：电子工业出版社，2020.

[16] 陈绎平. 产品创新创意方法 [M]. 杭州：浙江大学出版社，2019.

[17] 唐磊. 新媒体营销精华 [M]. 北京：中国水利水电出版社，2020.

[18] 刘春雄. 新营销 [M]. 北京：中华工商联合出版社，2018.

[19] 祝福. 私域流量：从 0 到 1 搭建私域流量池的方法论 [M]. 北京：机械工业出版社，2019.

[20] 胡华成、黄剑锋. 社群思维：互联网时代的新创业法则 [M]. 北京：电子工业出版社，2019.

[21] 方辉. 餐饮企业营销模式与活动策划 [M]. 广州：广东经济出版社，2015.

[22] 鹤九. 互联网＋餐饮：一本书读懂餐饮互联网思维 [M]. 北京：电子工业出版社，2016.

[23] 张沐. 运营思维：全方位构建运营人员能力体系 [M]. 北京：人民邮电出版社，2020.

[24] 江涛. 互联网思维 3.0 [M]. 北京：化学工业出版社，2019.

[25] 黄江宏、陈剑平. 策划我也可以 [M]. 杭州：浙江大学出版社，2015.

[26] 杨春燕. 可拓创新方法 [M]. 北京：科学出版社，2017.

[27] 赵海永. 白酒到底如何卖 [M]. 北京：企业管理出版社，2017.

[28] 沈祖祥. 旅游策划：理论方法与定制化原创样本 [M]. 上海：复旦大学出版社，2007.

[29] 阳翼. 人工智能营销 [M]. 北京：中国人民大学出版社，2019.

[30] 许华品. 企划部经理手册 [M]. 北京：中国科学技术大学出版社，2016.

[31] 钟世芬等. 大数据通识读本 [M]. 北京：科学出版社，2020.

[32] 黄奇帆. 分析与思考：黄奇帆的复旦经济课 [M]. 上海：上海人民出版社，2020.

[33] 蒋军. 今后这样做品牌 [M]. 北京：中华工商联合出版社，2016.